ウェブポータルを活用した大学改革

経営と情報の連携

リチャード・N・カッツ 編
梶田将司 訳

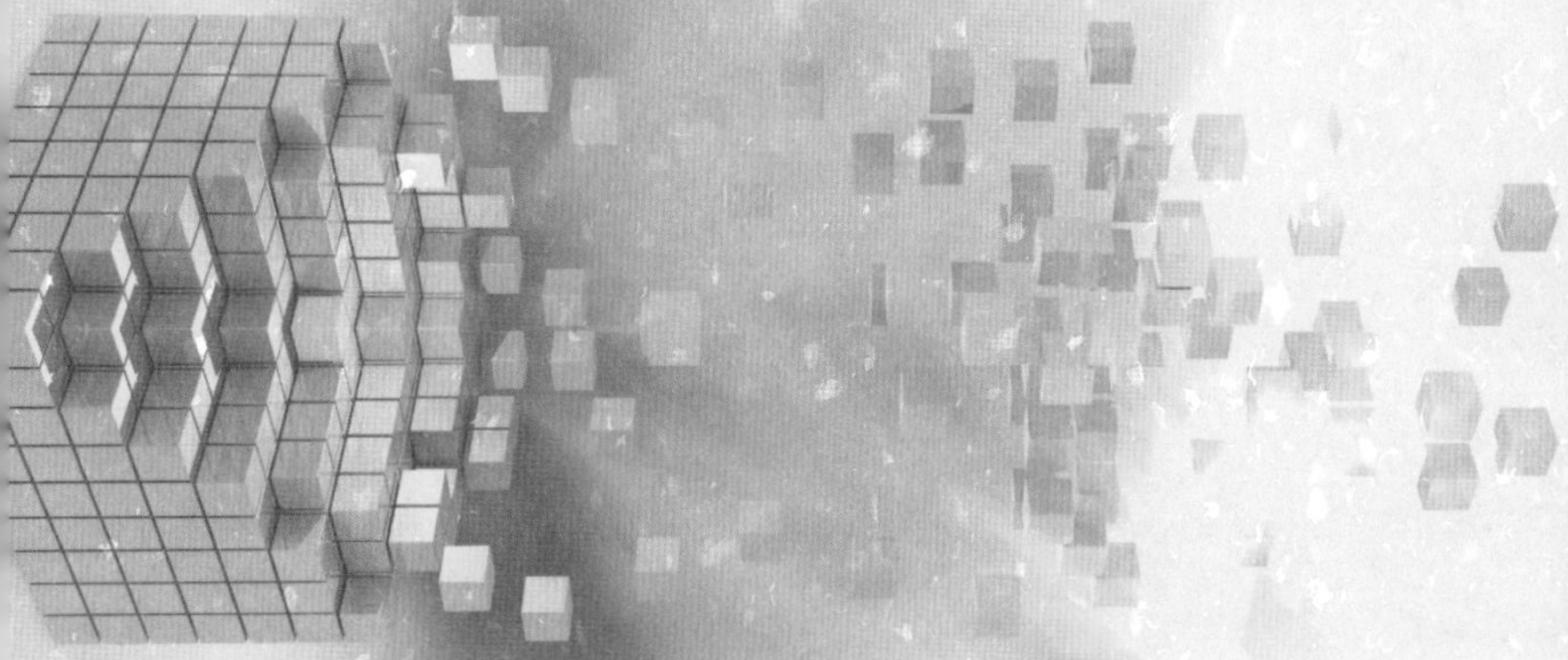

東京電機大学出版局

刊行によせて

伊藤義人
名古屋大学情報連携統括本部情報戦略室室長兼副本部長

大学における教育研究および管理運営（経営）において、膨大化する情報・通信の適切かつ効率的な操作・利用と促進、および多様な処理要求に対する即時対応が必要となっている。その実現には、情報基盤の一層の充実と利用が必要不可欠であり、大学は一貫した理念にそった情報環境整備施策を保持する必要がある。この情報環境の整備充実を促進するため、名古屋大学では、二〇〇七年に情報戦略室・情報推進部からなる情報連携統括本部を設置し、さらに二年間をかけて情報連携基盤センター、情報メディア教育センターを含む組織改革の議論を行ってきた。その結果、二〇〇九年四月からは、戦略面を受け持つ情報戦略室、情報サービスの日々の運用を行う情報推進部、そして、次世代情報サービスの研究開発を行う情報基盤センターの三組織により情報連携統括本部を再編し、それぞれの組織の役割を明確にしつつ、強力な連携の下で名古屋大学の情報化を推進する新しい体制がスタートした。この再編に情報連携基盤センター運営委員・協議会委員として中心的に関わり、現在は、情報戦略室室長兼副本部長として関わっている経験から、大学における情報戦略と今後のウェブポータルについて本書のまえがきとして私見を述べたい。

まず、「情報戦略」というと大げさに考えすぎるきらいがあるが、ここでいう情報戦略は、「大学の戦略を支える情報のあり方」をいうのであって、決して大学の戦略の前に情報戦略があるわけではない。また、戦略という用語自体を軍事用語として好きになれないという人もいるが、これも大それたものではなく、要するに持てる力や限られた資源（ヒト、モノ、カネ）をどのように長期的な視野を持って配分するかということと理解すればよい。塩野七生が『ローマ人の物語』で書いているように、古代ローマ人が、頭脳でギリシャ人に、技術でエトルリア人に、経済力でカルタゴ人に劣るといわれていたのに成功したのは、まさに戦略があったからである。運営費交付金や私学助成の削減、少子化、国際化など、極めて厳しい環境の中で、大学が教育、研究および社会貢献において活性化し、自立性と個性化を進めるためには、大学に戦略が重要であり、必要不可欠なことは明らかである。特に、情報革命を通じて、教育研究における情報の役割はすべての学問分野に広がっており、多くの教員・職員・学生が、時代に合致した情報支援を求めている。この状況は、今後の情報技術の進展によりますます激変することが予想され、大学の教育研究を支える「学術基盤」として、戦略のないハードウェア、ソフトウェアおよびコンテンツの情報環境整備はもはや限界に来ている。このように、大学が持つべき戦略の中でも、情報環境に関わる戦略は欠くべからざるものになってきている。

情報環境の中でも、ウェブポータルは、情報戦略に基づいて大学の情報サービス・コンテンツを構成員に一元的に提供するワンストップサービスであり、情報戦略の良し悪しを構成員一人ひとりが日々実感することができる「効果観測点」となる。現在話題となっているブログやソーシャルネットワークサービス（ＳＮＳ）などに代表されるように、ウェブポータルを支えるウェブ技術自体、私が十数年前に米国の教育研究のコンピュータ事情を調査したときに感じた「ウェブの可能性」を遥かに超えて深化しつつある。この教訓からも、巨費を投じて一気に作り上げる固定的なウェブポータルではなく、最新のウェブ技術を動態観測しながら時宜を逸しないように漸進的に整備されるウェブポータルであることが必要であろう。

このように、大学における情報戦略とウェブポータルは密接な関係がある。中長期的には、現在の組織の再編も視野に入れて、時代に取り残されないように情報戦略やその効果観測点としてのウェブポータルの整備を継続的に推し進める「情報戦略システム」の構築が必要であると思う。

米国の大学でのウェブポータルにまつわる初期段階の状況をまとめた本書が、各大学において情報戦略とウェブポータルの整備に関わる方々の一助になることを願う。

伊藤義人（いとう・よしと）
名古屋大学情報連携統括本部情報戦略室室長兼副本部長。名古屋大学工学研究科社会基盤工学専攻教授。一九七五年名古屋大学工学部土木工学科卒業。一九七七年同大学大学院工学研究科博士課程前期課程修了、同大学工学部土木工学科助手。一九八五年〜一九八六年米国リーハイ大学客員研究員、一九八六年名古屋大学工学部助教授、一九九六年名古屋大学理工科学総合研究センター教授、二〇〇〇年〜二〇〇九年同大学附属図書館長・同評議員、二〇〇三年同大学大学院工学研究科教授、二〇〇四年・二〇〇九年同大学経営協議会委員。専門は構造工学・環境情報学。工学博士。

日本語版にあたって

リチャード・N・カッツ

ポータル、それは息の長い基盤技術

本書の英語版が最初に出版された当時（二〇〇二年）、ウェブポータルは新しかった。著者の一人として、ポータルというある特定の情報技術を取り巻く一連の論文を取りまとめ、ほぼ十年も後になってその日本語版を手にすることにとてもやりがいを感じている。情報技術について論じる我々にとっての課題は、プラスの効果をもたらす「よちよち歩き」のテクノロジを見出すことである。ウェブポータル、特に、エンタープライズポータルは、間違いなくプラスの効果をもたらしてきた。思い返してみると、一九九八年から一九九九年にかけて、関係者の間では、教職員や学生などのステークホルダーに対して、大学や学内組織をウェブを通じてどのように提示すべきかについて懸念があった。当時、エンタープライズポータルは、仮想空間内における大学の正面玄関と見なされており、ポータルを導入することは、様々なものが混在し、ますますカオス的になってきていたウェブの世界を、パーソナライズする方向へと大きく踏み出すことを意味していた。

ポータルとは何か？

二〇〇二年当時、ポータルの概念はまだ曖昧で、ポータルは、大学が所有するコンテンツやリソースへの仮想空間における正面玄関と見なされていた。その後八年、定義は拡大し続けた。その結果、今では、ポータルを、図書館やリンク集として考える人もいれば、情報の格納場所、個人用のスタートページ、エンタープライズソフトウェアをつなぐスイス製アーミーナイフのようなもの、はたまた、いたせりつくせりのフルサービス型レストランのようなものとしてさえ考える人もいる（Sreebny, 2009）。

ポータルでは、パーソナライズ機能を通じて適切に提供対象が絞り込めるため、ウェブベースのコンテンツや業務アプリケーション・業務プロセスにユーザに合った型でアクセスさせることができるとともに、人と人との相互作用を促進することもできる。また、ポータルを通じて、大学のウェブリソースやサービスを集約するとともに、これらのサービスに対する要求をも集約することができる。(1)ポータルは、多様な情報やサービスを標準化された単一の方法で提示し、その内容は閲覧者のロールやその他の個人属性を反映したものとなる。

一般的に、ポータルは次の三つの側面あるいは機能で定義することができる。

パーソナライズ機能

ポータルは、ユーザのロールに従って画面をパーソナライズすることにより、ルックアンドフィール（見た目の感じ）や大学のウェブリソースへのアクセス権限をコントロールする。これに対して、大学のウェブサイトに対するルックアンドフィールは、大学本部が管理するか、あまり多くはないが、ユーザ自身が管理することもできる。

アプリケーション統合　いわゆる「ポートレット」（ベンダーによって表現が異なる）によりアプリケーション統合が可能になる。ポートレットは、特殊なサーバであるポートレット・コンテナによって管理されるウェブコンポーネントである。

コンテンツ集約・生成　様々なテーマを対象とするいわゆる「水平型ポータル」では、ウェブコンテンツの公開機能があり、個人や学部・学科がポータルコンテンツを作成するための様々なレベルでの支援ができる。ポータルは、また、ＲＳＳ(2)ベースのウェブコンテンツの集約もできる。

高等教育機関におけるポータル

米国の大学では、ウェブポータルは、息の長い重要な基盤技術になっている。二〇〇二年には、米国の二年制・四年制大学のうち二七・四％しかウェブポータルを運用していなかった（EDUCAUSE Core Data Report, 2002）。それが、二〇〇九年秋には、ほぼ三分の二（六四・八％）の大学がウェブポータルを全面的に運用し（Green, 2009）、運用計画を持っている大学を合わせるとほぼ十分の八（七八・二％）にも及んだ（EDUCAUSE Core Data Report, 2008）。十年も経たないうちに、ウェブ

表 1　ポータルを運用する米国の大学において導入されているロール

	大学（授与学位別）			
	博士号	修士号	学士号	準学士号
在籍学生	97%	97%	98%	93%
入学希望者	70%	71%	76%	62%
教員	95%	93%	95%	95%
非教員	93%	93%	94%	94%
外部コミュニティ	29%	26%	33%	24%
同窓生	47%	51%	59%	44%

ポータルは、不可解な概念から、エンタープライズソフトウェアを用いたサービス環境において、必要不可欠で統一された当たり前の構成要素となった。

二〇〇二年当時、ワシントン大学のエド・ライトフットやウェルドン・イーリヒは、「高等教育機関の情報システムは、我々の生活をシンプルなものにするのか、はたまた、複雑なものにするのか」という疑問を投げかけていた。彼らは、「あるシステムから別のシステムへのデータ転送は簡単でもなくシームレスでもない。あるデータベース上の情報は、他のデータベース上では手動で更新することになる場合もある」と嘆いていた。彼らは、大学のウェブサイト上でのナビゲーションが、実際のキャンパス内でのナビゲーションの不便さとわかりにくさの多くを再現している様子を的確に指摘していた。そして彼らは、「バラバラなシステムばかりになっているこの状況において、構成員とのリレーションを育む力を高等教育機関はどのように保つことができるのか」と問うていた（Lightfoot and Ihrig, 2002）。ウェブポータルがその回答だったのである。[3]

ウェブポータルは、バラバラになってしまった高等教育機関のウェブの世界を再組織化することに対して、重要かつポジティブな貢献をしている。また、ウェブポータルは、大学の様々な「ビュー」を提示することを可能にしている。このようなビューは、ポータルユーザのロールを反映したもので、米国では、多くの大学においてすでに導入されている（表1参照）。ユーザが、受験生の場合、在籍学生の場合、教職員の場合、または、他のロールを持つ場合、それぞれに応じて、必要とする情報やサービスを期待どおりにパーソナライズした大学のビューが提供される。

本書を取りまとめた当時は、ウェブポータルは機能的に「分厚い」もので、大学のビューをパーソナライズする機能だけでなく、ユーザを認証し、大学のリソースへのアクセスをエンドユーザとの間で取り持つ機能も提供していた。このうち、時間の経過とともに、ユーザ認証のようなアイデンティティ管理機能は、ミドルウェア領域における別の機能として切り離され、ウェブポータルは、パーソナライズ機能と、バラバラなバックエンド情報システムをつなぐ視覚的統合機能(4)に焦点が絞られるようになった(5)。

大学のウェブ化の進展の初期においても、実際のキャンパス内での不便さとわかりにくさの多くが再現されていた。施設、IT、人事、財務など、大学内の多くの組織がウェブサイトを独自に構築したため、大学のリソースやサービスを見つけ出し利用する際には、内部事情に詳しくないと必要な情報がどこにあるのかわからなくなっていた。このため、「学生の父母や受験生のような外部のステークホルダーが、統制のとれていない複雑な大学のウェブ環境において必要な情報を見つけることができるのか」という問題が生じていた。これに対して、デラウェア大学やカリフォルニア大学サンディエゴ校などでは、ポータルテクノロジを、大学のサービスを組織化し提供する基本的な方法として用いることにより、どのようにサービスをまとめ上げ提供するかを再検討することができた。これにより、カリフォルニア大学サンディエゴ校（UCSD）のポータル「Blink」のユーザは、人事部門のウェブサイトを探すかわりに、人事部門が提供する業務プロセスをポータルから簡単に起動することができるようになり、「奨学金の申請」や「履修登録」なども行えるようになった。まさに、「ポータル様様」である。今では、UCSDのサービス提供者は、サービスがキャンパス内でどのようにまとめ上げられるかよりもむしろ、サービスそのものについて利用者がどのように考えているかをもっと考えるようになっている。

継続する進化

エンタープライズポータルは、他のテクノロジと同じように、いくつか段階を経てシステマティックに進化している。これまでに、エンタープライズポータルは、五つの発展段階を経てきたといわれている。一九九八年の第一世代ポータルでは、「ウェブコンテンツ集約」に焦点が置かれていた。第二世代では、大学のアプリケーションをエンドユーザの視点で統合する方法としての「ポートレット機能」に焦点が置かれていた。第三世代では、ポータル経由でのワークフローや基本的なウェブサービスなどによる「業務プロセス統合」を可能にし、第四・第五世代では、「ポータル間連携」や「ポートレット標準化」[6]、「複合アプリケーション構成」に携わる大学もあった。また、「サービス指向アーキテクチャ（SOA）環境の実現」や「ユーザエクスペリエンス管理」に焦点を置いている場合もあった。未来指向の大学は、第六世代ポータルを構想しており、ポータルが相互接続された「ポータルファブリック」を提唱している。

現在、主要なITアナリストや実務家は、三つの基本的な方向を見据えている。まず、エンタープライズウェブポータルは、すでに、大学におけるITアーキテクチャの極めて重要な構成要素となっており、ITの進化および大学の進化における次の段階では、基盤・アプリケーション・サービスが「クラウド化される」と多くの関係者が考えている。そして、クラウド化を通じたポータルの役割の変化について多くの問題が提起されている。第二に、ここ数年、ポータルアーキテクチャに代わる別の選択肢がすさまじいスピードで進化する様子を目の当たりにしてきた。特に、大規模で単一的なポータルを通じて情報やサービスが消費されてきた流れが、様々な場所やデバイスにわたって分散した非常に細かい断片的な情報やサービスを消費する方向へとシフトしていることを目の当たりにしている。(7) この進化しつつあるアーキテクチャにおいて、情報を束ねることを目的としているサーバ側のポータルやクライアント側のソフトウェアは機能的にとても「薄い」ものになってきており、パーソナライズ機能や、「クラウドの中」にあるサービスやリソースへとユーザを誘うためのアプリケーション集約機能を提供するだけになってきている。第三に、アナリストや実務家の多くが、ソーシャルネットワーキングなどのウェブ2・0技術の組織内サービスでの位置づけ方に苦慮している。そのため、グーグルが各組織のエンタープライズポータルになるかどうかまだわからない一方で、グーグルなどが、エンタープライズポータルを事業計画やビジョンに位置づけていることもはっきりしている。

このようなアーキテクチャやユーザ動向の移り変わりから、「組織におけるウェブ戦略においてポータルの将来はあるのか」という疑問が残る。ガートナー社のデービッド・グージットは「もちろん」と言って次のように述べている。「エンタープライズポータルは、組織がウェブの世界における顔を持つための重要なアプローチであり続ける。そして、水平型ポータル製品が、エンタープライズポータルを構築するための重要な手段であり続けるが、他のアーキテクチャによる別の選択肢が、二〇一四年までに注目を集めることになるだろう」(Gootzit, 2009)。つまり、グージットは、水平型ポータル製品はエンタープライズポータルのためにある程度使われ続けるだろうが、根本的に異なる新しいアーキテクチャが現れ、至るところで利用されるようになると言わざるを得ない可能性を主張している。このようなアーキテクチャは、始まり以来ポータルを定義してきた古典的な「コンテナ型アプローチ」(8)に基づいたものではなく、おそらく次の大きな流れとなる「ポータルレスなポータル」(9)に基づいた新しい考え方として提示されよう。

最後になるが、他の言語で翻訳・出版されることはとても名誉なことだ。本書の日本語版は、先見の明のある三人が抱いたビジョンと尽力の賜物である。東京電機大学出版局の植村八潮さんと松崎真理さんは、このプロジェクトに辛抱強く関わり続けてくれた。梶田将司さんは言葉そのものが日々進化し、また正確さも求められるこの分野の翻訳を行うにあたって、その品質の向上にこだわり続けてくれた。

コロラド州ボルダーにて

訳者まえがき

梶田将司
名古屋大学情報連携統括本部情報戦略室・准教授

大学におけるウェブポータルの背景

学部・大学院教育の充実、産学連携の強化、認証評価、国際化、情報化、生涯教育の提供など、現在の大学は様々な課題を抱え、広範囲の活動を展開するようになってきている。その結果、在籍している教職員・学生だけでなく、卒業生・受験生をはじめ、企業等の共同研究者、地域市民など、様々なカテゴリに属する多様な関係者にサービスを提供する必要が出てきている。このため、「提供する情報を閲覧者ごとにパーソナライズしたり、閲覧者が自分自身で必要な情報を選択したりカスタマイズしたりする」ことを可能にするウェブポータルの必要性はますます高まっている。その一方で、国立大学の独立行政法人化や運営費交付金、私学助成の削減により、業務の効率化や人員削減が求められており、限られた財政的・人的資源の中でウェブポータルを構築・整備することが求められている。

しかしながら、ウェブポータルの構築には「何をどのように集約・統合し誰に提供するか」という統合化ポリシーの明確化とその実行が必要であるため、出来合いのシステムを導入すればそれで終わりということはなく、しかも、多額の構築費用をかけたからといってよいものができるとは必ずしもいえない。さらに、ウェブポータルは一度構築され運用が始まると、各構成員と大学をつなぐ単一化された窓口として扱われるようになるため、「大学そのものを具現化したウェブサイト」としてユーザに扱われ始める。すなわち、「ウェブポータル＝大学」という認識が生じ始めるため、最終的には、日々の教育研究活動だけでなく、大学の経営戦略と一体化した持続的な整備が必要となる。

ここでは、本書に先立ち、名古屋大学におけるウェブポータルとして二〇〇二年から整備を進めてきた「名古屋大学ポータル」について、各章との関連を述べながら技術面・組織面を中心に振り返ることにより、読者の方々が本書を読み解き、各大学におけるウェブポータルの構築を進めるための「道しるべ」を提供したい。

統合化のための技術＝大学ポータルテクノロジー

大学ポータルとは？

そもそも、「ポータル」という言葉がインターネットの世界で使われ始めた当初は、ある特定の興味・関心に関する情報へのリンクを取りまとめて提供するウェブサイトのことを指していた。しかしながら、現在では、様々なテーマに関する情報やサービスを取りまとめてユーザに提供することにより、インターネット上にある膨大な情報やサービスへの玄関（ポータル）として機能しているウェブサイトも数多く見られる。前者は「垂直型ポータル」、後者は「水平型ポータル」と呼ばれており、垂直型ポータルを複数束ねたものを水平型ポータルと解釈することもできる。そして、インターネットではなく、「企業」内にある様々な情報やサービスを取りまとめて提供する水平型ポータルは「企業情報ポータル」と呼ばれるのに対して、「大学」内を対象にした水平型ポータルは、「大学情報ポータル」または「大学ポータル」と呼ばれる（はじめに・第1章・第7章を参照）。

必要な技術と統合レベル

大学ポータルは、学内に散在する情報システムやデジタル化されたコンテンツ等の情報リソースを集約し、ユーザ一人ひとりに合わせた提供を可能にする。しかしながら、「どう集約・統合するか」は、既存システムの機能や、システム運用ポリシー、費用対効果、各組織の業務内容など、様々な要因が複雑に絡むため、容易ではない（第1章・第7章・第8章・第9章を参照）。

二〇〇二年から構築を進めてきた名古屋大学ポータルでは、現在では図1に示すような「内部ネットワーク」「サーバ」「ミドルウェア」「サービス開発フレームワーク」「ポータルユーザインタフェース」の五つのレベルの層構造（スタック）により統合されつつある。ここでは、大学ポータルの構築のために必要な統合化技術を、この五つのレベルに分けて整理する。

内部ネットワーク層での統合

大学ポータルでは、数千から数万のユーザを対象としたサービスを行うため、ポータルサービスを受け付けるアクセスポイントには、負荷分散装置が必要となる。必

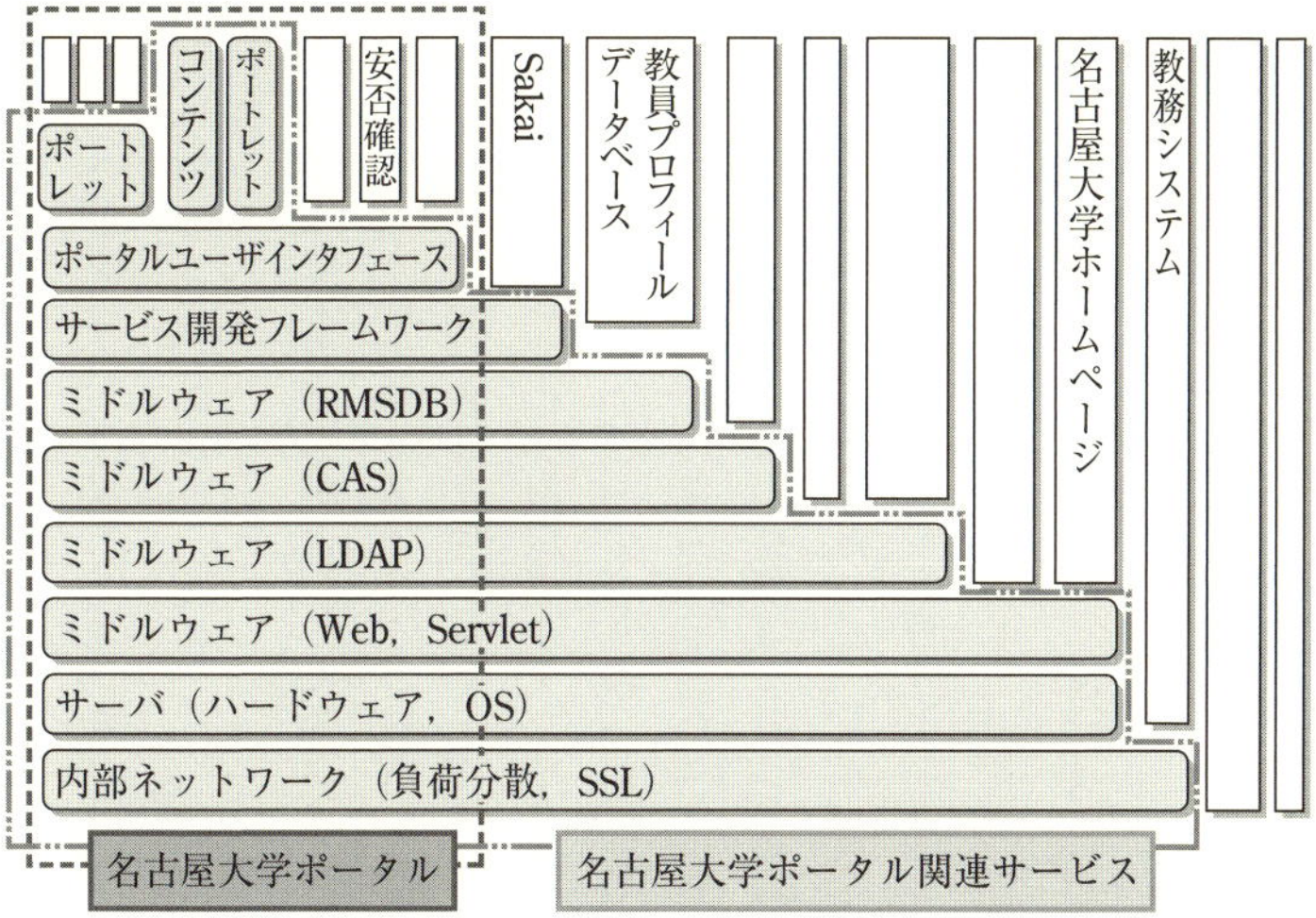

図１　名古屋大学ポータルスタック

要に応じてパケットフィルタリング機能やルーティング機能、ＩＰアドレスの仮想化機能を用いて大学ポータルの内部ネットワークを構築することにより、レイヤー3レベルでのセキュリティを統合化することも可能である。また、ＳＳＬの暗号化・復号化機能も有する負荷分散装置を使用することにより、ポータルを通じたサービスを行う各システムでのＳＳＬ暗号化・復号化処理を軽減することができる。

サーバ層での統合　ＯＳレベルでのユーザ管理・セキュリティ対策・アップグレードなどのサーバ管理は、ポータルを通じたサービスを行うシステム間で共通する場合が多い。このため、各システム間でサーバレベルで統合化することにより、サーバ管理業務を軽減することが可能になる。また、アプリケーションサーバやデータベースサーバは、負荷分散の対象となるため、複数台用意し、冗長構成を取ることも必要となる。最近では、サーバ仮想化技術を用いることにより、サーバハードウェアを仮想化し、必要に応じて仮想化リソースを使用することにより、より効率的な統合も行われ始めている。

ミドルウェア層での統合　大学ポータルを通じたサービスはウェブベースとなるため、まず、ウェブサーバが必要である。また、Ｊａｖａサーブレットを用いてサービスを開発する場合はサーブレットコンテナが、ＰＨＰやＰｅｒｌ、Ｒｕｂｙなどをサービス開発言語として使用する場合はそれらのサーバサイドでの実行環境がアプリケーションサーバとして必要となる。さらに、ウェブベースのアプリケーションではデータ永続化が必須であり、各種データの格納場所としてのデータベースサーバも必要となる。これらのミドルウェアは、ポータルを通じたサービスを行うシステム間で共有することにより、管理コストを削減することができる。

　また、ユーザ認証やユーザの属性情報を提供するディレクトリサーバ、シングルサインオン（ＳＳＯ）[1]を実現するためのＳＳＯサーバなど、いわゆる「アイデンティティマネジメント」に関するミドルウェアも、ポータルを通じたサービスを行うシステム間で共通化することにより、ユーザ管理コストを削減することができる（第７章を参照）。

サービス開発フレームワーク層での統合　サービス開発言語としては、Ｊａｖａサーブレット、ＰＨＰ、Ｐｅｒｌ、Ｒｕｂｙなど様々なものが考えられるとともに、ＪａｖａでのＳｐｒｉｎｇ　Ｍ

VC・Struts・Hibernate・JSF・Sakaiフレームワーク、また、RubyのRuby On Railsなど、それぞれの言語においても様々なサービス開発フレームワークがある。これらの開発フレームワークをどう選び、大学ポータルを通じたサービスを構築するかは、開発コストに直結するため慎重な選択が必要である。

ポータルユーザインタフェース層での統合　ポータルユーザインタフェースレベルでの統合には、見た目のデザイン・ナビゲーション方法・カスタマイズ機能・パーソナライズ機能・マルチデバイス対応など、統合化に関してさらに細かいレベルがある。ポータルユーザインタフェースレベルは、大学ポータルを通じたユーザへの情報サービス提供の一体化を最終的に決める重要なレベルである（第7章を参照）。

ポータルユーザインタフェースレベルでの統合を支援する「ポータルフレームワーク」としては、名古屋大学ポータルで使用しているオープンソースソフトウェアのUポータルをはじめ、ベンダー製ではIBM社・オラクル社など様々なものがある（第7章を参照）。

大学ポータルスタックの共通利用

これらの統合化技術は、大学ポータルだけでなく、関連する他の情報システムでも利用可能である。図1に示したように、名古屋大学では、履修登録・成績管理を行うための教務システムや、名古屋大学の全学ホームページ、教員の業績データベースである教員プロフィールデータベース、あるいは、コース管理システムWebCTの後継システムとして利用される予定のSakai等でも必要に応じて名古屋大学ポータルのスタックが利用されているが、ユーザインタフェースは統合されていないため、ユーザからは別システムとして見える。一方で、LDAP・CASで構成される認証基盤サービスのように、名古屋大学ポータルには直接関係しない学内システムでもユーザ認証やシングルサインオンのために用いられているものもある。

ビジネス層・政治層での統合

このような技術面での統合を進めていくためには、広報、教務、財務など、関連する学内他部門との連携は不可欠である。例えば、全学ホームページと大学ポータルが一体となった運用を実現しようとすれば、広報部門との連携は不可欠であるし、教務や財務に関する情報サービスやコンテンツを大学ポータルから提供しようとすれば教務・財務を掌握している事務部門との連携が不可欠である（第3章・第4章を参照）。また、大学ポータルは大学に関係する様々な人々の窓口になるため、大学がサービス対象とする様々な「カスタマー」とのリレーション管理をどのように全学的に行うかの検討も必要になってくる（第2章を参照）。さらに、大学ポータルを通じてeビジネスを行おうとすれば、全学的なビジネス戦略に大きな影響を与えることになる（第5章・第6章を参照）。これらの結果、関連する様々なポリシーや組織体制の見直しも必要になってくる（第9章・第10章を参照）。

名古屋大学では、図2に示すように、二〇〇二年からの活動を通じてようやく技術面および組織面での統合化基盤が整ってきた状況であり、二〇〇九年の情報連携統括本部の組織体制の見直しにより、

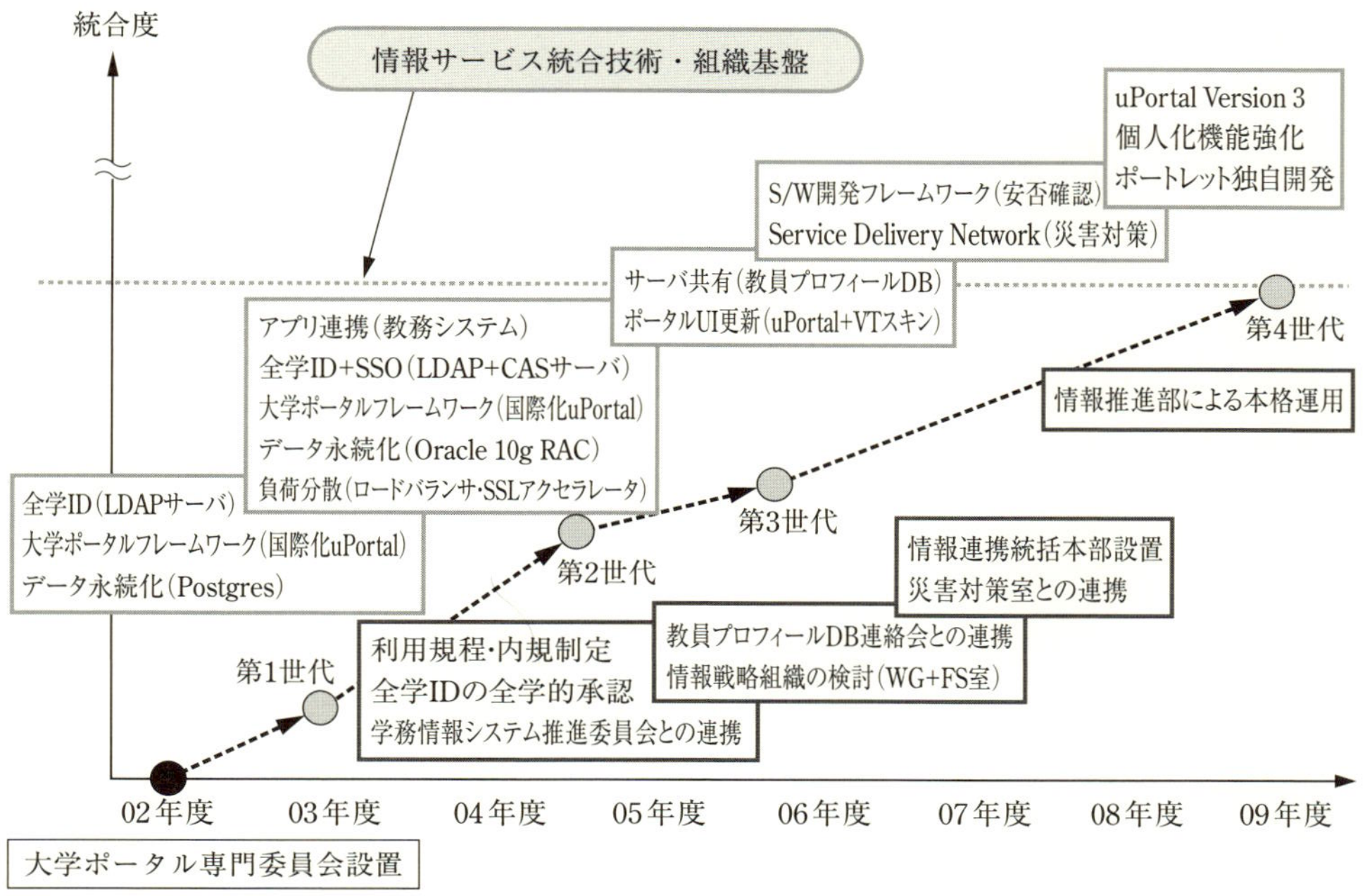

図2　名古屋大学ポータルの技術面・組織面での進化

戦略立案・研究開発・運用の三つの機能が強化され、ビジネス層・政治層での統合化が始まろうとしている（刊行によせてを参照）。次節では、これまでの技術面での統合化とともに、組織面での改革がどのように進んできたかをまとめる。

名古屋大学ポータルの構築と運用

名古屋大学では、二〇〇二年に、情報連携基盤センターが大型計算機センターを改組・創設され、その際、名古屋大学ポータルを構築・運用するための「大学ポータル専門委員会」が設置された（図2参照）。ここでは、技術面・組織面を中心に、試験運用から現在までの過去八年間を四世代に分けて振り返る。なお、本書では、ボストン大学・カリフォルニア州立大学における事例も述べられているので、そちらも参照されると、大学ポータルを推進することに伴う様々な課題をさらに読み取ることができる（第7章・第8章を参照）。

第一世代（二〇〇二年度〜二〇〇三年度）

技術面　第一世代では、「認証情報と認証方式の一元化」を図るため、ミドルウェアレベルのディレクトリ機能の構築を行うとともに、統合化される情報サービスのユーザエクスペリアンスを決めるポータルユーザインタフェースレベルの構築を行った。

まず、ディレクトリ機能については、各システム利用時のユーザIDとパスワードを共通化するための「全学ＩＤ」を導入し、ＬＤＡＰによるユーザ認証サービスを開始した。サービス開始当初は、全学IDは、情報メディア教育センターの教育用計算機システムやWebCTあるいは名古屋大学ポータルに利用が限定されていた。ポータルユーザインタフェースレベルにおいては、Jasigが開発していたUポータル2・1を採用した。その際、国際化を図り、日本語環境下でも利用できるようにした。また、スキンを複数用意し、Uポータルによるポータルユーザインタフェース構築を模索した。

なお、第一世代のハードウェア構成は、ウェブサーバ、アプリケーションサーバ、データベースサーバ、ディレクトリサーバがそれぞれ一台ずつという最小構成での試験運用であった。

組織面　大学ポータル専門委員会は、情報メディア教育センター、附属図書館、医学部、情報連携基盤センター、事務局の総務部企画広報室・事務情報推進室、経理課情報処理課、学務部学務課学務情報システム開発推進室からの委員やオブザーバで構成された（組織名は当時のもの）。本専門委員会での議論を通じて、大学ポータルに関する様々な意見交換が立場や組織を越えてなされたことは、教員組織・事務組織の壁を取り壊し、第二世代・第三世代の構築や、後に述べる情報連携統括本部の発足・活動の本格化に向けた重要なステップとなった。

第二世代（二〇〇四年度〜二〇〇五年度）

技術面　第二世代では、教務システムとの連携を進めるため、内部ネットワーク、サーバ、ミドルウェア（SSO機能・データベース機能）およびポータルユーザインタフェースのさらなる強化がなされた。

まず、内部ネットワークに関しては、負荷分散装置の導入を行い、パケットフィルタリング機能やルーティング機能、ＩＰアドレスの仮想化機能を用いて大学ポータルの内部ネットワークを構築することにより、レイヤー３レベルでのセキュリティ強化を図った。特に、教務システムを内部ネットワークに接続し、負荷分散装置のＳＳＬ暗号化・復号化機能を共用することで、教務システムのセキュリティ対策を軽減した。また、サーバに関しては、教務システム側で高負荷が予想される期間に、ポータル用のアプリケーションサーバのうち二台を教務システム用に使う共用化も行えるようにした。

また、ミドルウェアに関しては、教務システムと大学ポータルとの間でＳＳＯを実現するために、ＪａｓｉｇのＣＡＳ[2]を拡張し、ユーザ認証だけでなく権限管理もＣＡＳ認証時に行えるようにした。これにより、「教員による成績入力は学内からのみ許可」や「学生の履修登録は学外からでも可能だが、時間帯によってアクセスできる学生を入学年度や所属学部に基づいて制限」などのアクセス制限を実現した。

さらに、Ｏｒａｃｌｅ 10gリアルアプリケーションクラスタ（二ノード構成）によるデータベース機能の強化、Ｕポータル２・４のフラグメント機能によるポータルユーザインタフェースの構築を行った。

組織面　引き続き、大学ポータル専門委員会が大学ポータル構築の中心であったが、教務システムとの連携を進めるため、教育担当理事を委員長とする学務情報システム推進委員会との連携を深めた。具体的には、大学ポータル専門委員会委員の三名が学務情報システム推進委員会専門委員会委員・オブザーバも兼任する形で連携し、総長裁量経費の獲得、必要な装置の購入や機能の実装を進めた。

第三世代（二〇〇六年度～二〇〇九年度）

技術面　第三世代では、第二世代で不評だったポータルユーザインタフェースを改善するとともに、安否確認システムの構築のため、サービス開発フレームワークおよびサーバの強化がなされた。サービス開発フレームワークについては、PC用ウェブブラウザおよび携帯電話から使用可能な安否確認システムを独自に構築するために、Java用のサービス開発フレームワークであるSpring WebFlowやHibernateを用いることとした。また、災害時の可用性を高めるため、実験的に京都大学にも名古屋大学ポータルの一部を設置し、名古屋大学側サーバが利用できなくなっても京都大学側サーバで運用ができるよう、広域分散化を行った。

組織面　二〇〇六年度からはCIO（情報担当理事）の下に、情報連携統括本部が設置され、全学的なレベルでの大学ポータルの構築・運用のための体制整備が開始された[3]。また、安否確認システムの構築に際し、災害対策室と情報連携統括本部が連携し、総長裁量経費を獲得、全学技術センターの協力を得ながら内部開発を進めた。

第四世代（二〇〇八年度～現在）

技術面　二〇〇八年度には、パーソナライズ機能の強化を目指すとともに、技術職員を中心とした管理運用体制に移行するため、総長裁量経費を取得し、第四世代の開発が始まった。特に、ＪＳＲ－１６７によって標準化されているポートレットによるサービス開発（休講表示・時間割表示等の教務システム連携）や、Ｕポータル３・２を用いたＡｊａｘ技術等のウェブ２・０技術の実装、スキンの大幅な改訂など、これまでにない大規模な改修が行われている。これら新しい機能を搭載した第四世代ポータルの正式運用は二〇〇九年度末に予定されている。

組織面　情報連携統括本部は、情報連携基盤センター・情報メディア教育センターの教員組織を再度改組し、二〇〇九年四月から新たな体制でスタートした。新体制では、企画立案・評価は情報戦略室（教員組織）、日々の運用は情報推進部（事務職員・技術職員組織）、先端的な情報サービスの研究開発を行う情報基盤センター（教員組織）の三組織に役割が明確に分担され、情報連携統括本部長（ＣＩＯ）の下で強力に連携することを目指している。

学んだ教訓

このように、八年間にわたり、様々な経験をしながら徐々に名古屋大学ポータルを構築・運用してきた。ここでは、大学ポータルの構築・運用に重要と思われる事項をまとめる。

共通IDとシングルサインオンは極めて効果的

まず、ユーザ認証時に使用するユーザIDとパスワードの共通化およびSSO機能の実現は極めて効果的であった。大学ポータルとの統合レベルの中で最も統合しやすい部分であるとともに、ユーザ管理という、負担が大きい業務を共通化し効率化することができるためである。

Uポータル・CASを通じた他大学の教訓の共有は重要

ポータルユーザインタフェースやSSO機能の実現には、JasigのUポータルおよびCASを使用している。いずれも多くの北米の大学で利用されており、そのノウハウが蓄積されている。また、Jasigが毎年二回開催していたJasigカンファレンス（二〇〇八年以降は毎年一回の開催）での各大学での取り組みは極めて参考になった。

小規模にはじめて徐々に育てる

大学ポータルの構築に必要となる設備・ソフトウェアを一度にすべてを揃えることは、人的・財政的資源の集中が必要となるため、難しい。また、大学ポータルの構築には、研究者・技術者だけでなく、事務職員、場合によっては、大学執行部や関連部署との連携が必須であるが、小規模からはじめ、具体的な成果を示しながら理解の和を広げることが重要であった。

「Win・Win」の関係をレバレッジにする

大学ポータルの構築では、学内組織との連携は必須である。その際、それぞれのニーズ・シーズを大学ポータルの強化にうまくつなげ、レバレッジとすることが重要であった。例えば、学務部との連携による教務システムの立ち上げにおいては、負荷分散およびセキュリティ強化が、災害対策室との連携による安否確認システムの立ち上げにおいては、携帯電話対応およびコンテンツ強化がレバレッジとなっている。

ソフトウェア開発要員は必須　大学ポータルの構築にはソフトウェア開発が必須となる。特に、ノウハウ蓄積・コスト削減のためには内部の開発要員の育成が必須である。

「道しるべ」のまとめ

以上、本書の各章との関連を記しながら、名古屋大学ポータルの構築・運用を技術面・組織面を中心に振り返った。

本書の内容は二回のフォーラムでの議論の内容がベースになっており、本書を出版することになった背景が**はじめに**に記されているので、まずはそこから読み始め、次に、大学ポータルを取り巻く全体像が記されている**第1章**を読まれることをお薦めする。それ以降は、興味・関心やどのような立場で大学ポータルに関わるのかによって読み進むべき章は変わってくると思うが、最後の**第11章**では、すべての章の内容がうまくまとめられているので、まず**第11章**を読み、興味ある章の当たりをつけたうえで、各章を読み進めるのもよいと思う。それも面倒であれば、ポータル技術や実際の実装に興味がある方はボストン大学・カリフォルニア州立大学での事例が記された**第7章**・**第8章**を、大学ポータルの戦略面に興味がある方はワシントン大学のポータル戦略が記された第2章や組織・ポリシーへの影響が記された第9章・第10章を、大学ポータルの事業・経営面への影響に興味がある方はカスタマーとのリレーション管理との関係が書かれている第3章や、大学の広報活動との関係について記された第4章、eビジネスとの関係について記された第5章・第6章を読み進まれるとよい。

なお、本書は二〇〇二年に出版されており、ユーザIDの統合やシングルサインオンのように我が国の大学でもすでに浸透し始めている内容もあるが、総じて十年程度遅れている我が国の大学にとっては、ちょうど十年前に北米の大学が直面していた大学ポータルの課題を学ぶことで多くの知見が得られるのではないかと思う。特に、はじめにや第7章、第8章に記されている当時のざわついた状況は解消されており、様々な英知を学ぶことができる非常によいポジションにある。特に、本書でも紹介されているJasigが各大学の連携の下でオープンソースソフトウェアとして開発してきたUポータルは、二〇〇七年のEDUCAUSEカタリスト賞を受賞したことからもわかるように、大学ポータルを語るうえで極めて重要な取り組みとなっている。EDUCAUSE二〇〇七カンファレンスでの受賞式の際に披露されたビデオや特別セッションの模様が、東京電機大学出版局のウェブサイトhttp://www.tdupress.jp/上に用意されている本書の詳細ページから閲覧できる。本書が執筆された後のことを学ぶとともに、各大学においてよりしっかりした大学ポータル戦略を立案・実行するためも閲覧をお薦めする。

謝辞

本書の翻訳に際し、たくさんの方々の助力・助言を得た。まず、本書の翻訳出版を快く引き受けていただいた東京電機大学出版局の皆様に感謝したい。特に、植村八潮局長および担当の松崎真理さんには、遅々として進まなかった翻訳作業を忍耐強くお待ちいただくとともに、校正段階ではきめ細かなチェックを行っていただき、本当に感謝している。また、名古屋大学発ベンチャーである株式会社エミットジャパンの小村道昭さん・福山貴幸さん・大河内絵里菜さん、文部科学省研究委託事業ULANプロジェクトの研究員だった上田真由美先生（現在は京都大学）・佐々木順子さんには、第一段階の翻訳を手伝っていただいた。また、校正段階においては、熊本大学の中野裕司先生、九州大学の多川孝央先生、名古屋大学の中井俊樹先生、立命館大学の野田啓子さんから、当該分野の専門家として適切な助言をいただいた。

最後になるが、本書の翻訳は、名古屋大学ポータルの構築・整備を通じて、「大学ポータルとは何か」を身をもって経験できたことが、より適切な翻訳を追究するうえで大いなる一助となった。その意味で、大峯巖先生（情報連携統括本部初代本部長・副総長）、山本一良先生（現本部長・副総長）、阿草清滋先生（情報基盤センターセンター長・副本部長）、渡邉豊英先生（前センター長）、坂部俊樹先生（同本部情報戦略室初代室長）、間瀬健二先生（前室長）、伊藤義人先生（現室長・副本部長）、多田正和部長（同本部情報推進部）、瀬川午直課長（同本部情報推進部情報基盤課）をはじめ、陰に陽に名古屋大学ポータルの構築に関係されてきたすべての関係者に感謝したい。

はじめに

ブライアン・Ｌ・ホーキンス
ジェイ・モーリー

これまでも繰り返されてきたことであるが、テクノロジの活用を通じて、大学のサービスレベルをさらに高度化するチャンスが到来している。今回は、「大学ポータル」というウェブベースのテクノロジが活用されようとしており、その結果として、ｅビジネスを使いこなすチャンスが大学にもたらされようとしている。ポータルとその関連テクノロジについて、ＥＤＵＣＡＵＳＥ[1]とＮＡＣＵＢＯ[2]は二回のフォーラムを開催したが、議論を通じて解明された疑問よりさらに多くの疑問が提起されることになった。しかし、本書で示されるように、そのような新たな疑問に対してもすでに回答は用意されている。特に重要なポイントは、事務を統括する事業担当役員（ＣＢＯ）と情報技術を統括する情報担当役員（ＣＩＯ）[3]がともに行動することであり、それぞれが抱える課題に対してベストな戦略を決定する必要がある。

情報革命により、大学における様々な活動が質的に転換されることを示唆する事例は非常に多い。

当初、大学ポータルは、新しいビジネスモデルが必要となる情報革命の中心であると考えられていた。[4]そのビジネスモデルには、ベンダとの提携や大学間連携を通じた大規模な独自の投資を伴うことになる。すると、ポータルは大学における情報技術アーキテクチャにおいてますます重要な位置を担うこと、すなわち、大学構成員が日々作り出し利用している情報やサービスを統合する手段を提供することとの重要性が理解されるようになる。

情報技術や改革戦略の多くと同じように、大学ポータルを構築するための万能薬のようなアプローチはない。実際、非常に多くのアプローチがあり、そのうちのいくつかは、投資する価値がないことがすぐに証明されるであろう。また、アプローチを的確に選択することにより、他の大学と比べて極めて高いアドバンテージを得る場合もあるだろう。

「大学ポータル」という極めてチャレンジングな新しい世界を目指すことを決定すると、その次には、「必要なテクノロジを購入すべきか」「独自で構築すべきか」「どこかと提携すべきか」という三つの基本的な戦略を含む、様々な意志決定を行う必要が出てくる。ポータルソリューションやeビジネスソリューションを提供するベンダは非常に多い[5]ので、選択肢が少ないことに悩むということはないだろう。しかし、その動向は極めて早く、本書のベースとなっている二回のフォーラムが開催された一年間でさえ、多くの会社が参入し、撤退し、あるいは、経営難のために他社と合併している。また、自社の製品アーキテクチャを再構築することにより、「ウェブ」「セキュリティ」「カスタマー・リレーションシップ・マネジメント（CRM）[6]」「エンタープライズ・リソース・プランニング（ERP）[7]」をポータルとうまく統合するベンダも出てきた。

これと時を同じくして、「Uポータル」という大学のコンテンツやサービスを「チャネル」として組み上げ、まとめるための技術フレームワークの開発・公開を促進する大学コンソーシアム「Ｊａｓｉｇ」が活動を開始した。

一方、製品を購入しそのベンダとともにポータルを構築するより、むしろ大学内で独自に開発した方が必要なツールの導入や他のリソースとの連携をより効果的に実現可能であると判断する場合もあるだろう。この場合、最終的な大学ポータルの支配権を強化することができるが、高価なベンダ製品をベースとしないことによるコスト的なメリットが長期にわたり続くかどうかはわからない。技術変化の激しさやスタッフを維持し続けることの難しさを前提とすると、システムをアップグレードする度に、人員の再教育や再配置が必要になる場合もあるだろう。

第三のアプローチである「提携」は、条件が揃えば、最も効率的かもしれない。ある特定ベンダとともにコンソーシアムを構成したり、複数の大学が参画するコンソーシアムに加盟したりするなど、提携の仕方には複数の方法があり、いずれの方法にもそれぞれ利点がある。

選択したアプローチの如何に関係なく、大学ポータルを最も効果的なアプリケーションとすることができるのは、全学的な視点でポータルを検討した場合である。特に、大学の業務・技術・サービスのそれぞれの視点でゴールを目指してバランスをとることを目的として、事業担当役員（ＣＢＯ）と情報担当役員（ＣＩＯ）が取り組みの指揮を取り、二人三脚で活動する大学が最も成功することになる。大学ポータルやｅビジネスは、入試や部活動から学内の様々な単位組織、ブックストアまで、キャンパスのすべての面に影響を与えることになる。学内の様々な部門ごとの興味関心や優先順位が対立する場合があるが、そのような違いを乗り越えた共通のアプローチを用いて生み出されるゲインが最大になるように、CBOやCIOはリーダーシップを発揮し、ともに取り組む必要がある。

各章では、新しいテクノロジおよび、現在まだ進化の過程にあるインターネットビジネス環境の結果として考慮されるべき課題をできるだけ網羅している。また、「ビジネスチャンス」「組織的な影響」「ポリシーの選択」「テクノロジ」それぞれについて熟知している著者が分担して執筆した。本書の執筆を通じて、様々な疑問が明らかにされ、対応する解決策のいくつかが提案されている。しかしながら、大学ポータルを取り巻く状況はまだ成熟していないことは十分に理解されるべきであり、たとえ本書で提示した解決策を用いて取り組んだとしても、出だしでつまずいたり様々な間違いが犯される場合もあるだろう。各大学で取り組む際、本書の情報が、つまずきの可能性やかかるコストを最小にする手助けとなることを期待している。

EDUCAUSEとNACUBOにより開催された二回のフォーラムのスポンサーである、ハイヤー・マーケット社、IBM社、KPMGコンサルティング社、オラクル社、ピープルソフト社、プライスウォーターハウスクーパース社に感謝したい。特に、オラクル社およびKPMGコンサルティング社には、本書の出版を可能にするためにさらなる支援をいただいたことに感謝を表したい。また、これらの企業の代表の方々には、この取り組みを財政的に支援していただいただけでなく、フォーラムの円滑な開催を通じて、成果の質的向上に大変なご協力をいただいた。あわせて、感謝の意を表したい。

謝辞

リチャード・N・カッツ

謝辞の執筆は本当に難しい。一冊の本の作成には、読者の想像よりもたくさんの人たちの手がかかっており、そうでなければ、責任を持ってすべての人たちを一人ひとりの名前を挙げながら感謝することができよう。そうは言うものの、これは、伝統的な行為だし、実際に感謝を述べるべき人々がいる。何よりもまず、本書は、高等教育分野におけるエグゼクティブが構成する最も才能に恵まれた数あるグループのひとつにおいて、三日間にわたる二回のフォーラムでの突っ込んだ議論から生まれたものである。ほぼ百名の大学運営に関わるエグゼクティブが、本書に記されたアイディアを生みだし、磨きをかける責任を負っている。もちろん、章ごとのデリケートなつや出しは、寄稿してくれた分担執筆者の努力の結果である。この方々にいくら感謝しても感謝しすぎるということはない。

フォーラムの開催および本書の出版は、ＥＤＵＣＡＵＳＥと全米大学経営管理者協会（ＮＡＣＵＢＯ）の間で培われてきた、他にはない重要なパートナーシップに依拠している。テクノロジが可能にする新しい高等教育の実現の成否は、この二つの機関のパートナーシップにかかっている。その意味で、ＥＤＵＣＡＵＳＥおよびＮＡＣＵＢＯの職員すべてに感謝の意を表したい。その中でも特に感謝したいのは、グレッグ・ドビン、ラリー・ゴールドスタイン、ブライアン・ホーキンス、スーザン・ジュロー、ジェイ・モーリー、ダイアナ・オブリンガー、そしてマリアン・テラナである。もちろん、オラクル社のリー・ラムセイヤーやジョアン・レオナルド、ＫＰＭＧコンサルティング社の高等教育チームによる財政的・知性的なサポートなしには、本書の出版を実現することはできなかっただろう。フォーラム自身は、ピープルソフト社のスーザン・ベイドラー、プライスウォーターハウスクーパース社のジル・キドウェル、ＩＢＭ社のマイク・キング、およびハイヤー・マーケット社のポール・サルスギバーのさらなる支援や参画による部分が大きかった。

成功するプロジェクトの多くは、公式・非公式を問わず、たくさんのアドバイスから恩恵を受けている。本書も例外ではない。公式なレベルにおいては、ＥＤＵＣＡＵＳＥの事務情報システムに関するアドバイザリーグループが、本書を生み出すきっかけとなったフォーラムを開催するための呼びかけを一貫して行ってきた。また、この複雑な課題の理解を互いに進めるために、少数の人々が前年から静かに活動してきた。さらに、ジム・ドルゴナス、ウェルドン・イーリヒ、ロバート・クバヴィック、エド・ライトフット、スティーブ・レリアからは、非常に有益なコメントをいただいた。

感謝したい編集者も本当に多い。本書の執筆において、アキラー・メディア社のカレン・バンディとともに仕事ができたことは本当に光栄だった。カレンはとてもすばらしい方で、本書の執筆を通じてバランスをうまくとりながら、ときには励まし、ときには慰め、ときには厳しく律してくれた。ゲール・アーランドソンは、四年にわたりジョセイ・バス社で私の担当編集者だった。我々は、共に、

EDUCAUSEとジョセイ・バス社との間の関係を築いてきたが、最近、このすばらしい出版社を退社したので、これからとても寂しくなる。デービッド・ブライトマンとそのチームがそのほころびを埋めてくれ、編集面での素晴らしいリーダーシップと支援を提供し続けてくれた。

最後に、個人的なことであるが、妻のペギー・ロジャーズと息子のアンソニー・クライドに感謝の意を述べたい。彼らの愛と、忍耐と、私の突飛な気性への理解があったからこそ、暖かい家族的な雰囲気の中で根を詰めた仕事を行うことができた。

コロラド州ボルダーにて

フォーラム参加者（二〇〇一年～二〇〇二年）

スティーブ・バークレイ（カリフォルニア大学サンフランシスコ校）
グレッグ・J・バロニ（元KPMGコンサルティング社）
スーザン・バイドラー（ピープルソフト社）
ウェンデル・C・ブレーズ（カリフォルニア大学アーバイン校）
ローレン・J・ブリスキー（ヴァンダービルト大学）
ニール・カレンダー（NACUBO）
チャールズ・J・カーター（ウェスタンカロライナ大学）
J・リード・クリスンベリ（ジョージア州立大学）
アーノルド・B・コンブ（ユタ大学）
ラリー・D・コンラッド（フロリダ州立大学）
ルース・コンスタンティン（スミス大学）
ジョン・R・カリー（マサチューセッツ工科大学）

D・テディ・ディグズ（EDUCAUSE）
ジム・ドルゴナス（カリフォルニア大学・総長室）
フィリップ・L・ドゥーリトル（レッドランズ大学）
ウィリアム・R・ダージン（ホーリークロス大学）
ジャック・ドゥーヴェ（ウィスコンシン大学マジソン校）
デービッド・J・アーンスト（カリフォルニア州立大学・学長室）
ジェニファー・L・フォーティ（インディアナ大学）
ポール・B・ガンデル（ロードアイランド大学）
ルフス・グラスパー（マリコパ・コミュニティーカレッジ）
ベルナルド・W・グリーソン（ボストン大学）
シンシア・ゴールデン（デュケイン大学）
ラリー・ゴールドスタイン（キャンパス・ストラテジー社）
レブ・S・ゴニック（カリフォルニア州立大学モントレーベイ校）
ロンダ・I・グロス（ケース・ウェスタン・リザーブ大学）
イレーザ・C・ハレル（カリフォルニア大学サンディエゴ校）
マーノイ・E・ハリソン（アリゾナ州立大学）
ジェームズ・R・ヘンダーソン（フロリダ州立大学）
スーザン・ホフマン（ヴァンダービルト大学）

ダレル・S・ヒューイッシュ（アリゾナ州立大学）
カール・W・ジェイコブソン（デラウェア大学）
スーザン・ジュロー（NACUBO）
リチャード・N・カッツ（EDUCAUSE）
ジリンダ・J・キッドウェル（プライスウォーターハウスクーパース有限責任事業組合）
マイケル・D・キング（IBM社）
ドナ・クリンガー（NACUBO）
パール・J・コウボウルニキ（コネチカット大学）
デービッド・W・ケーラー（プリンストン大学）
ロバート・B・クバヴィック（ミネソタ大学）
ルシンダ・リー（ミドルテネシー州立大学）
エドワード・ライトフット（ワシントン大学）
ロバート・L・ロビット（テキサス大学ダラス校）
スコット・ラドロー（クレムゾン大学）
マーク・A・ルーカー（EDUCAUSE）
ポレイ・アン・マククルーア（コーネル大学）
ウィリアム・A・マッキューン（ウェストバージニア大学）
パトリック・マッケルロイ（ラーニング・コンテンツ・エクスチェンジ社）

マリリン・A・マクミラン（ニューヨーク大学）
バーバラ・H・モーガン（カリフォルニア大学バークレイ校）
シェリー・L・ニューコム（カリフォルニア州立大学フラトン校）
コリーン・ニッケルズ（カリフォルニア州立大学モントレーベイ校）
ダイアナ・G・オブリンガー（EDUCAUSE・応用研究センター）
ジョン・パルムッチ（メリーランド・ロヨラ大学）
ロジャー・パターソン（ノースキャロライナ大学チャペルヒル校）
マーガレット・ピケット（アイオワ州立大学）
マーガレット・F・プリンプトン（リーハイ大学）
リー・ラムセイヤー（オラクル社）
スティーブン・W・レリア（カリフォルニア大学サンディエゴ校）
ジェニー・リカード（ピープルソフト社）
ジュリア・A・ルディ（EDUCAUSE）
ジェームズ・ライアン（ペンシルバニア州立大学）
ポール・サルスギバー（ハイヤー・マーケット社）
ジョン・R・シュローダー（マリコパ・コミュニティーカレッジ）
ドナルド・Z・スパイサー（メリーランド大学連合）
カリン・スタインブレナー（ノースキャロライナ大学シャルロット校）

メアリー・E・ステファンズ（カリフォルニア州立大学スタニスラウス校）
ホワード・ストラウス（プリンストン大学）
キャンディス・ラーナー・ストリート（NACUBO）
アン・E・スチューデン（ウィスコンシン大学マジソン校）
デービッド・G・シュワルツ（ジョージワシントン大学）
M・ルイス・テマレス（マイアミ大学）
マリアン・テラーナ（NACUBO）
テリーリン・B・テイラー（ブラウン大学）
ジェーン・W・トンプソン（ピッツバーグ大学）
デービッド・L・トムチェク（カリフォルニア大学アーバイン校）
アメリア・A・タイナン（ロチェスター大学）
ダニエル・A・アップデグローブ（テキサス大学オースティン校）
ジェフ・フォン・ミュンクヴィッツースミス（コネチカット大学）
パトリシア・M・ウォレンス（メリーランド大学）
ジョン・F・ウォルシュ（インディアナ大学）
ロバート・P・ウィアー（ノースイースタン大学）
ケイ・ウェイバーン（テキサス工科大学）

目次

第1章　ウェブポータルとは何か

情報技術屋である我々は、情報技術に関する新しい概念を「適切な言葉遣い」でうまく表現したいといつも考えてきた。その一方で、単純化できない概念を「頭文字の綴り」(1)として短くわかりにくくしてきた張本人でもある。言葉の選択に際しては、表現豊かで的を射た言葉遣いを他の分野から拝借することにより、我々自身にスポットライトがうまく当たるようにしてきた。例えば、「アーキテクチャ」や「エコロジー」、あるいは「ウェブ」は、実際、どこかほかに語源がある言葉であり、情報技術（ＩＴ）の分野でのフィーバーを通じて世の中に広がっていった。そのほとんどが、かつて使われていた言葉とは違う、「新しい言葉」として再び登場したものである。

我々が拝借した最も新しい言葉が「ポータル」である。辞書には、「門、ドア、入り口。特に、堂々とした立派なもので、教会の大聖堂のようなもの」と定義されている。近代の大学の起源が教会であると考えると、「ポータル」という大学における最新の情報技術を表すメタファが教会に関するものであるということから、おそらく、この選択は的を射ているのだろう。しかしながら、「ポータル」は、その言葉により表そうとしているものと同じくらいわからないものを残すという理由で、幾分やっかいなメタファでもある。「どこの玄関？」と率直に尋ねる人もいるだろう。大学に係わる人々が「ポータル戦略とは一体何なんだ？」と不思議がり、なぜそんなにも自分たちにとって重要なのかと尋ねる人がいても不思議ではない。

ウェブが発明されて以来十年ほど(2)は、ウェブという言葉が意味するところは、ニュースレターであり、広告であり、コミュニティが集う場所であり、マーケットであり、図書館であり、そして、バーチャルユニバーシティであった。簡単に言えば、ウェブはこれらすべての要素を持っており、また、これらがすべてでもない。ウェブを用いることにより、誰もがコンテンツクリエータ、ソフトウェア開発者、まとめ役、流通業者、放送事業者、仲介者、購入者、販売事業者などにいつでもなることができる、これまでにないメディアである（事実、ここに挙げたもののすべてになりうる）。その結果、ウェブは現在でもまだ究極の未開拓地であり続けている。このように、ウェブという言葉により、ウェブの様々な機能や特徴を定義することができる。その結果、ウェブというメタファを借りたくなるのである。

未開拓地では、本質的に様々なものがぐちゃぐちゃに混じり合っており、整理されたところでも安全なところでもない。だからこそ、指令がなくても探検したがる冒険家を魅了し、一般人にとってはガイドとなる何らかの指標が必要となる。この意味において、ポータルとは、「ゲートウェイ（玄関）」以上のものである。ポータルとはおそらく、大学を含む様々な組織が、事業体としての投資効率を高めることができる「統合化原理」であり、業務システム、データウェアハウス、業務プロセス、職員能力開発への投資を最大限活用できるようにする。

ポータルを推進する企業

ミッションの遂行や質的転換に向けて、ウェブサイトをどのように再構築したらよいのかを各大学が考え直す好機の到来は、ＩＴベンダの動きを早めている。ユース・ストリーム・メディア社、マイバイト社、ジャンザバー社、キャンパス・パイプライン社は、学生が、キャンパスに関する情報や大学が提供する様々なサービスを利用できる最新のウェブサイトを提案している。一方、クリック２ラーン社、ハンガリー・マインド社、ブラックボード社、ジフ・デイビス社は、最新のｅラーニングポータルで学生を引き付けようとしている。

独自に開発・実装する大学も多く、ポータルが持つ強力で質的転換を引き起こす潜在能力を急速に認識しつつある。ルイジアナ州立大学、バッファロー大学、ブリティッシュコロンビア大学、ワシントン大学は、二〇〇〇年・二〇〇一年に開催されたＥＤＵＣＡＵＳＥカンファレンスにおいて、ポータルに関する取り組みを発表した。一方で、ウェブを取り巻くテクノロジ、特に、Ｊａｖａは、共有可能なソフトウェアソリューションを大学が共同開発することを可能にしつつあり、その方向で最も強力なリーダーシップを発揮しているのが「Ｊａｓｉｇ」[3] である（詳しくは、http://www.jasig.org/ を参照）。ポータルの構築に向けて、「どういう条件の下で、どのように、いつ開発・調達すべきか」を各大学は判断する必要があるが、その決断には、一見したところでは明確ではない戦略的な意味合いが含まれる場合もある。多くの大学では、「独自開発するか、または、購入するか」というよりむしろ、「独自開発するとともに必要なものを購入する」という方向で現在議論されている。[4]

ポータルはホットな話題

ＥＤＵＣＡＵＳＥの事務情報システムに関するアドバイザリーグループは、二〇〇〇年二月および二〇〇一年の二回の会合において、ポータルの重要性を明確に示した。そして、このグループのメンバから、高等教育におけるポータルおよびｅビジネスについて、ＮＡＣＵＢＯとＥＤＵＣＡＵＳＥが連携してフォーラムを開催するよう要請があった。その結果、二回のフォーラムが、二〇〇〇年・二〇〇一年の五月に、それぞれ五十名以上の財務・情報技術の専門家が参加して開催された。[5]さらに、コンバージ・マガジン社の後援により二回のカンファレンスが開催され、参加者は二百名を超えた。最終的に、ＥＤＵＣＡＵＳＥとＮＡＣＵＢＯは、フォーラムおよびカンファレンスの成果として本書を執筆することにより、各大学において指導的な立場にある人々が大学ポータル戦略を立案し実施する際に必要となる事項を、幅広い方法でかつ可能な限り多くの洞察や警告を含めながら、共有することになった。

フォーラムおよびカンファレンスへの参加者が持った共通認識としては、大学におけるポータル戦略の実現は必須であるが、非常に難しくその道は険しいということであった。なぜならば、データウェアハウスや業務システムなどの大学情報基盤への投資が最大限生かされるようにするためには、シームレスでナビゲートしやすいウェブインタフェースを通じて、情報・サービス・情報基盤を統合する必要があるからである。

ポータルは大学運営を変える

大学ポータル戦略を実行に移すか移さないかの決断は判断が非常に難しい問題であり、たとえ戦略を実行することにしたとしても、その道は非常に険しいものとなる。(6) フォーラムやカンファレンスに参加した人々の間でも、「ポータルの実装は必要不可欠だが難しい」との共通認識が生まれている。今後、集団または単独で、それぞれの大学は、ポータルに関する業務的な問題、組織的な問題、技術的な問題、ポリシー的な問題に取り組む必要がある。例えば、次のような問題を検討する必要が出てくるだろう。

- ウェブサイト上の広告をどう規制するか?
- ITに関する全学レベルの意志決定を行うための政治的な調整が可能か? また、学内標準を整備することにより、コミュニティを形成し、魅力的で何度も訪れたくなるウェブ環境を創り出すことができるか?
- 大学コミュニティの様々なメンバに生涯を通じて魅力的であり続けるポータルサイトを構築するためには、プライバシーに関するポリシーをどのように策定すればよいか?
- ロバート・クバヴィック(Kvavik, 2000)が例えた「ゆりかごから寄付まで」(7) という関係を学生との間で育むための技術的基盤や組織的基盤をバーチャル環境を通じてどのように構築することができるか？

- 実世界におけるコミュニティと仮想世界でのコミュニティをどう統合するか？　これにより、我々のミッションに恥じない、組織的で知的な相互作用を実世界と仮想世界との間で育むことができるか？

ポータルテクノロジに関する課題は、高等教育全体を新しい技術の波に乗せる以上の影響がある。その課題の解決には、我々がすでに乗り越えてきた多くのものと同じように、技術自体はそれほど重要ではなく、各大学において説得力があるビジョンを作成する力や、コミュニティのすべての人々が大学をパーソナライズするための方法について考えるように大学の意識を変えていく力にかかっていると思われる。ＩＴの専門家が単独行動をとる限り、不十分な結果しか得られないだろう。[8] しかし、とてもやっかいな課題ではあるが、ひとたび始めれば数か月先には、非常に刺激的な課題となることは確かである。

どういうメタファでポータルは語れるか？

もしポータルがすでに指摘したような、「統合化原理」、すなわち、大学がサイバースペースにおいて自分自身や提供するサービスをどう統合化するかを表すメタファであるとしたら、その統合化原理の要素は何で構成されるのであろうか？　ワシントン大学では、第2章の図2・1のような関係図を用いて、テクノロジアーキテクチャにおけるポータルの位置づけをわかりやすくしようとしている。

この図では、少なくとも二つの目的が明確になっている。まず、エンタープライズ・リソース・プランニング（ＥＲＰ）システム、データウェアハウス、セキュリティ・イニシアティブなどのポータル以外の他の主要なＩＴイニシアティブを含んだ、より広いコンテキストの中でポータルを明確に位置づけている。第二に、ウェブサービスまたはウェブ情報発信において「カスタマー中心」または「ステークホルダー中心」のモデルの中で、ポータルが明確に表現されている。ポータル戦略およびポータル設計におけるカスタマーを中心に据えた見方は、大学のステークホルダーのニーズに合わせる際に効果的に用いることができる。

マス・プロダクションからマス・パーソナライゼーションへ

ホワード・ストラウスはポータルについて次のように述べている（Strauss, 2000）。「ポータルは、組織を中心に据えた古いウェブ体験からの根本的な脱却となる。すなわち、ポータルは、ウェブ情報をユーザに提示する方法の抜本的な変革であることを示している」。一九六〇年代や一九七〇年代において、大学の情報システムは、教務や人事、経理のような本部における情報処理や業務処理のニーズを支援するために設計されていた。これらのシステムでは、柔軟性は限定的であった。一九七〇年代や一九八〇年代における第四世代言語(9)の導入とその広がりを通じて、主に本部組織向けであったが、情報や技術に精通したユーザが、独自の報告書を作成できるようになった。並行して、ミニコンを用いることにより、これと本質的に同じである現場のニーズを満たすためのタスクを行うことができた。

ストラウスが指摘しているように、この時期は、エンドユーザである個々の組織体にテクノロジの焦点が当てられていた。

一九九〇年代におけるコンピュータネットワークの広がりや、ウェブ・クライアント-サーバ・ウェブベースERPシステムの導入により、大学本部と先進的な学内組織との間での、情報やサービスの提供をカスタマイズする潜在的能力が培われた。その道のりは、「ネットワークモデル」としてカッツとウェストにより予想されたものであった（Katz and West, 1992）。多くの大学において、このようなイノベーションは次のことを可能にした。（一）組織における責任の大幅な委譲、（二）大学本部から独立部局へのサービスレベルの向上、（三）管理コスト増加率の低減。今では、部局の会計担当者が、機関帳簿に記入しさえすれば、オンラインで会計処理を実行することができる。同時に、データウェアハウスや意志決定支援ツールにより、研究費や、予算の承認状況、旅費や他の管理費に関する現在の状況を教員が確認できるようになっている。

ウェブは、ポータルを通じた進化[10]において極めて重要な構成要素であり、これにより、構成員の多くが、多くのレガシーシステム固有の使い勝手の悪さを乗り越えることができるようになった。この使い勝手の悪さの原因のいくつかは、背景にある大学における情報の複雑さにあり、テクノロジによりすぐに克服できるとは思えない課題である。その一方で、ウェブは、役に立つ便利な情報を掲載した立派なページを整備することをほとんどすべての人に対して可能にし、過去五年に、数千ものウェブサイトが開設された。実際、執筆時点でも、一千七百万以上のウェブサイトがあり、その数は月当たり二百万サイト以上の割合で成長している[11]。

本質的に何が新しいのか？

すでに述べたように、このような極めてアクセス性に優れたテクノロジは「情報フロンティア精神」の形成を示唆している。大学において、ウェブサイトを構築するための技術的障壁が低くなるにつれて、様々な組織がウェブにまつわる論争に参加するようになった。その結果、大学のウェブサイトに訪問してみるとわかるが、その多くが大学の組織図をほとんどそのまま反映したものになっている。例えば、米国国立衛生研究所（NIH）[12]の研究費報告に関するポリシーを探してみると、NIHの支援を受けている研究部門のサイトが、監査室が運営する領域にあり、そこは事務局長室により保守されていることがわかるだろう。また、同じ研究費の成果報告締切日が表示されているキャンパスカレンダーが、大学のウェブサイト上のどこか別のところで保守されているかもしれない。いずれにせよ、第一世代のウェブツールやウェブ技術においては、各組織は、大学に関する膨大な情報やサービスの生産者であるとともに消費者でもあるにもかかわらず、組織に焦点を当てていた点は、これまでどおりのものだった。

もちろん、組織は情報を消費しないが、人は情報を消費する。ポータルに関連した質的転換の波により、組織は、ウェブベースの情報やサービスを各個人に合わせた形で配置すべきだし、配置することができるという考えが主流になってきている。これは、非常に強力な変化である。なぜなら、主に、大学を含むほとんどの組織では、どこでも、組織内のコミュニティメンバの個人的なニーズに合わせて自分たちの情報やサービスを提供するようにはなっていないからである。一九九〇年代のリエンジニアリング活動でさえ、縦割り組織の枠は越えてはいたが、それでも限定された分野内の個人から個人を対象にした「エンド・トゥ・エンド」プロセスにしか焦点が当てられていなかった。このような経緯により、入試や奨学金管理、受講登録、学位試験などの業務に及ぶ履修登録システムが、今でこそ用意されているが、これらのシステムは、社会人教育のマーケティングを支援するシステムや、同窓会システム、あるいは、生涯にわたるリレーション構築システムとはリンクされていない。ポータルによって提示されるウェブ管理に関する新しくすばらしいチャレンジングな特徴は、大学のステークホルダーと大学との間のポジティブな関係を維持することを主目的として情報システムを構築し管理するという考え方である。この点が新しいのだ。

ポータルは重要なのか？

ポータルに非常に強く関連づけられている「カスタマー・リレーションシップ・マネジメント（CRM）[13]」というメタファは重要である。大学ポータル戦略を立案し実装することは、大学がウェブサイトを戦略的に考え始めることを余儀なくされる。今日、多くの大学の幹部は、情報技術は重要であることを認識している。しかし、ITは戦略的なものであるとの認識にはまだ至っていない。しかし現実には、大学のウェブサイトは、将来その大学を受験することになる学生が早い段階で受ける大学への印象（これは、おそらく、決定的かつ取り返しがつかないものなのだが）に影響を与えていると言われている。つまり、大学がどのようにウェブサイトやウェブベースのサービス・情報を構築するかは、コミュニティの形成能力に影響を与えることになる。歴史的に言って、大学は自分たちのことを「コミュニティ」と表現してきた。「学術研究コミュニティ」「批判論者コミュニティ」「学習コミュニティ」などだ。ウェブにより高度化された創造的な組織は、学術的であろうが営利的であろうが、進化し続けているテクノロジと新しい統合化原理を結びつけようとしている。このような組織がひとたび形成できれば、これまで大学が行ってきた同じやり方で、オンラインコミュニティが形成されるとともに、ステークホルダーの愛校精神が再強化されることになる。リレーションに基づいた大学戦略とウェブ上で提供される未来を結びつけることは、非常に強力な戦略である。グレッグ・バロニは、「議論の対象はポータルではない。重要なのは教育の近代化であり、仮想世界というこれまでとは根本的に異なる環境においても、未来が我々が望んだとおりのものになる可能性を高め、確実なものとすることである」（Baroni, 1999）と指摘している。

ユーザロールとセルフサービスに関することでもある

ポータルのメタファおよび統合化原理は、カスタマイズ機能やパーソナライズ機能に関することだけではない。それは、「ロール」[14]に関することでもある。大学は、複数のコミュニティが共存し、コミュニティごとに多様なサービスが提供されるという特異なコミュニティである。これが、「カスタマーサービス」のような商業的によく使われるメタファが、高等教育のコンテキストでは、議論の的となる理由である。大学は、企業とは異なり、市や州のようなものである。つまり、我々は学生という「住民」に「サービス」を提供しているのである。託児所サービスの提供、初等中等学校の運営、住宅サービスや学食サービスの提供、研究費の分配、給料支払い、学内便の配送、育児支援、ウェブマスタ業務支援、そして、学生の教育を行い、新しい研究課題や研究費の獲得に奔走している。我々のコミュニティは、その名のとおり、多様な組織であり、ロール・興味関心・学問分野に従って自己組織化されている。

ポータルに関する統合化原理の他の二つの特長を、ジェニー・リカードが次のように述べている。「ポータルテクノロジにより、複数の情報源からのコンテンツを統合し、ＥＲＰバックボーンシステムをロールベースのセルフサービス型業務処理に統合することができる。［中略］ロールベースの分析情報にアクセスしたり、必要があれば、支払い業務処理を簡素化することもできる」（Rickard, 2000, p.3）。つまり、ポータルにおけるリレーション管理に関して重要となる、鍵となる二つの特長的な考え方とは、「情報・サービスへのロールベースのアクセス」と「セルフサービス」である。

まず、第一のロールベースのアクセスという考え方により、キャンパスのウェブサイトの将来的なデザインを、ユーザのロールもしくは複数のロールに従って仮想的に差別化することが容易になる。学生、教員、職員、患者、および他の人々すべてが、大学のキャンパスあるいはサービスを利用する場合がある一方で、これらの人々は必ずしも同じようには利用しない（あるいは、同じような体験を持たない）。父母や同窓生のような、別のステークホルダーは、また別の違ったレンズで大学を見ている。昨今のポータル構築エンジニアは、独自のやり方で、大学のトップビューをロールに基づいて変えている。我々が挑戦すべきことは、ウェブに関する異なるステークホルダーのニーズやウォンツを反映した「ビュー」をまとめることであり、それにより、従来のブラウジングをコミュニティ形成──および愛校精神の形成──活動に転換することでもある。

ロールベースによるアクセスというメタファは、大学の効率性や生産性を上げるためのツールとして、ポータルテクノロジを使用する場面においても効果的である。今日のポータルに関する議論の多くの焦点が、「ウェブベースの学生サービス」や「情報およびコミュニティの形成」にはじめから関連づけられている一方で、「管理業務の生産性」のためのポータルに焦点を当てている大学もある。その一つであるカリフォルニア大学（UC）では、独自に定めた「新しいビジネスアーキテクチャ」（二〇〇〇年）の中心に、ポータルを位置づけている。簡単に言えば、UCポータル戦略においてポータルとは、次のようなものである──最適サイクル時間・能率、容易なアクセス、情報がパーソナライズされた画面、そして、豊富なオンラインヘルプやトレーニングが実現されるようにデザインすることである。このようなシステムにより職員は一回アクセスすれば容易に機能がわかるし、利用することができる。必要とする情報・機能と職員の間にある途中のやりとりを削減することは、コストを抑制し、厄介な官僚主義を弱めるための鍵となる（University of California, 2000, p. 5）。

リカードによって示された二番目の強力な考え方は、ポータルテクノロジを使うユーザによるセルフサービスに関する点である。ロバート・クバヴィックとミカエル・ハンドバーグは、セルフサービスに関する優れた事例を挙げ、自動化されたユーザ主導のサービスにより、大学の事務現場を不可解なポリシーや手続きに染まった専門家によって独占されたものから、一般職員、および必要に応じて、少数の中核的な専門職にとって直感的なセルフサービスシステムに変えていくことで、サービスを強化し、コストを削減することがいかに同時にできるかを述べている（Kvavik and Handberg, 1999）。

道のりは険しい

変化の時代において、ポータルへの道のりは、各大学の将来の成功を確実にする以上のものであることはほぼ間違いないが、そのためには非常に困難な努力を必要とする。カリフォルニア大学の文書が指摘するように、この活動は、ハードウェアやソフトウェアに関する変更と比べて、リレーション管理や業務管理のためのアプローチにおける改革であることはまちがいない。この挑戦に立ち向かうためには、大学は次の事項についてかなりの投資と変更を要するであろう。

- 情報技術
- 事業施策
- 全学的なポリシー
- ヒューマンファクタ（文化、組織、インセンティブ）

技術的な課題は手強い。大学は、「シングルサインオン[15]」の仕組みを実現するために奮闘する必要がある。大学情報サービスやウェブベースサービスが、真に使い勝手がよく、前述したセルフサービスやロールベースの考え方と同じものであるのであれば、どのようなシステムも異なるユーザＩＤやパスワードを持つようにはならないだろう。同時に、これらのシステムはセキュリティを高くする必要があるし、ロール等の個人属性に基づいて、個人の権限を容易に認識できる必要がある。簡単に言えば、情報システムは、「ジョン・ドゥ」という人物が本当に「ジョン・ドゥ」であること、「ドゥ博士」は鍵がかかった倉庫に入る権限を持っていること、第三駐車場に駐車する権限を持っていて、三つの研究費の間で資金をやりとりする権限がある、テニュア教員であることを、「前もって」知ることができなければならない。情報基盤や情報サービスをこのような形で振る舞うように統合することは非常に難しい。

事業施策も変更する必要が出てくる。パーソナライズ機能およびセルフサービスのメタファは、これまでのキャンパスビジネスモデルとは、全く異なるものとなる。システムが整備され、運用が始まると、キャンパスの専門職の多くが行き場をなくすことになる。そして、より幅広い権限が与えられる一般職として再教育されるため、この好機を快く受け入れる者も多い一方で、変化に追従することが難しい者や変化自身に抵抗する者も多くなるだろう。このような新しい職能へと導くことを支援するためには、チェンジマネジメント戦略[16]を策定し実施する必要が出てくる。最終的には、大学は、eビジネスに関連するビジネスモデルについてこれまでにない選択を迫られることになる。すなわち、「オークション」「ショッピング・ボット[17]」「クッキー[18]」などの手法やテクノロジが、大学の事業活動の一部として位置づけることができるのかを判断しなければならない。

大学のポリシーは、このようなテクノロジにより、新しい形態および構造にまで対象が広げられていく。「いつも利用されるウェブサイト」や「オンライン実践コミュニティ」の構築が成功すれば、ポリシーに関するコストの一部は、広告収入により経費がまかなわれることになるのだろうか？　大学におけるオンラインコミュニティは、「共同購入体」に様変わりするのであろうか？　もしそうなら、本当の意味での「キャンパス」コミュニティのメンバとは誰になるのだろうか？　同窓生のプロファイルを作成するために学生情報を用いることに関して、倫理的、法律的、ポリシー的な制約や課題としてどういうものがあるだろうか？　データシステムが新しいやり方にリンクされた時点で（ユーザロールなどにより）、誰がどの情報にどういう目的でアクセスできるのだろうか？

そして、もちろん、人に関する問題も膨大に発生するだろう。ポータルテクノロジは、長期にわたるユーザの愛校精神を、パーソナライズ機能とセルフサービスにより創り出すようにデザインされた方法で統合され、このこと自体、抜本的な質的転換となる。一九六〇年代のテクノロジが、本部の運営組織の覇権を強化したと見なすならば、一九九〇年代のテクノロジは、部局組織に委譲された権力や権限を再分与するようにデザインされることであった。新しいポータルテクノロジでは、権力や権限を個人に委譲するようにデザインされることである。これを達成するためには、ウェブスペース上にサイトを持つ数百の大学本部および現場組織が、実践やデザインに関するある種の統一された基準を定め従う必要がある。これは簡単なことではない。ここで、取り上げられた課題はまた、個人向けに完全にカスタマイズされるという新しい環境において、愛校精神をどう創り出すかに関することでもある。大学ポータルの実装の第一ラウンドが、MyUB・MyUW・PAWS・MyUBC という「My ＋大学名」のような名前が付けられたポータルを構築することであれば、第二ラウンドは、MyJoe・MyMary・MyRichard という「My ＋個人名」のような名前が付けられるポータルを特色とすることになるだろう。MyPortal が YourInstitution の実現に向けた愛校精神を育むかどうかは、いまのところわからない。

チャンスは確かにある

チャレンジがすばらしいものであればあるほど、チャンスも数多くある。ポータルテクノロジ企業は、大学が典型的なリレーション管理組織であることを理解しており、高等教育分野にビジネスチャンスを見いだしている。数多くのロールを持ち、ロールによって受け取る印象が異なる人々（そう、カスタマーのこと）との「親代わり」的な関係を、我々は整備する。教員、同級生、キャンパス、チーム、および、大学が行うすべての面が、学生に生涯続く印象を残す。学生は、印象がポジティブなものであれば、そのコミュニティの生涯にわたる一員になる。このユニークな力を民間企業は察知しているのだ。ポータルに向けたチャレンジは、このような生涯にわたる印象をよりよく形成するように我々自身を統合化するための「時の声」なのだ。ポータルは、信念体系であり、世界観であり、我々の正面玄関と豊富な財産の双方を、再配置するためのアプローチとテクノロジである。また、新しく生まれつつある「知識産業」と我々との間に将来生じる競争のベースとなるかもしれないし、「教育のパーソナライズ」というプラトンの理想と実践へと戻る道かもしれない。今度は、我々の番だ。(19)

第2章　カスタマー中心主義による大学リソース

ウェブテクノロジは、業務プロセスを重視した大学から、情報やコミュニケーションに基づいた大学へと改革するチャンスを我々に提示している。ワシントン大学では、「必要なときに、必要なところで、たやすく利用できる形式で、必要な情報を、必要な人々に提供すること」を目標として改革を進めようとしている。

また同時に、ウェブテクノロジは驚異的な速さで新しいチャンスを創り出しており、ネットベースの新しい経済が、インターネットの普及とともに拡大している。しかし、チャンスが急速に拡大しているがゆえに、その恩恵を享受するための一番よい方法が何かはわからなくなっている。「ポータル」「eコマース」「B2B」「B2C」「エクスチェンジ」「エンタープライズ・リソース・プランニング（ERP）」「マス・カスタマイゼーション」などにより、チャンスがもたらされることはわかるが、カスタマーのニーズを満たすためのアプローチは明確ではない。このため、ワシントン大学では、誰が見ても容易に理解できる包括的な「カスタマー中心モデル」（図2・1を参照）を定め、パズルのピースのような各要素を、どのように互いに組み合わせることができるのかを考えてきた。「誰が大

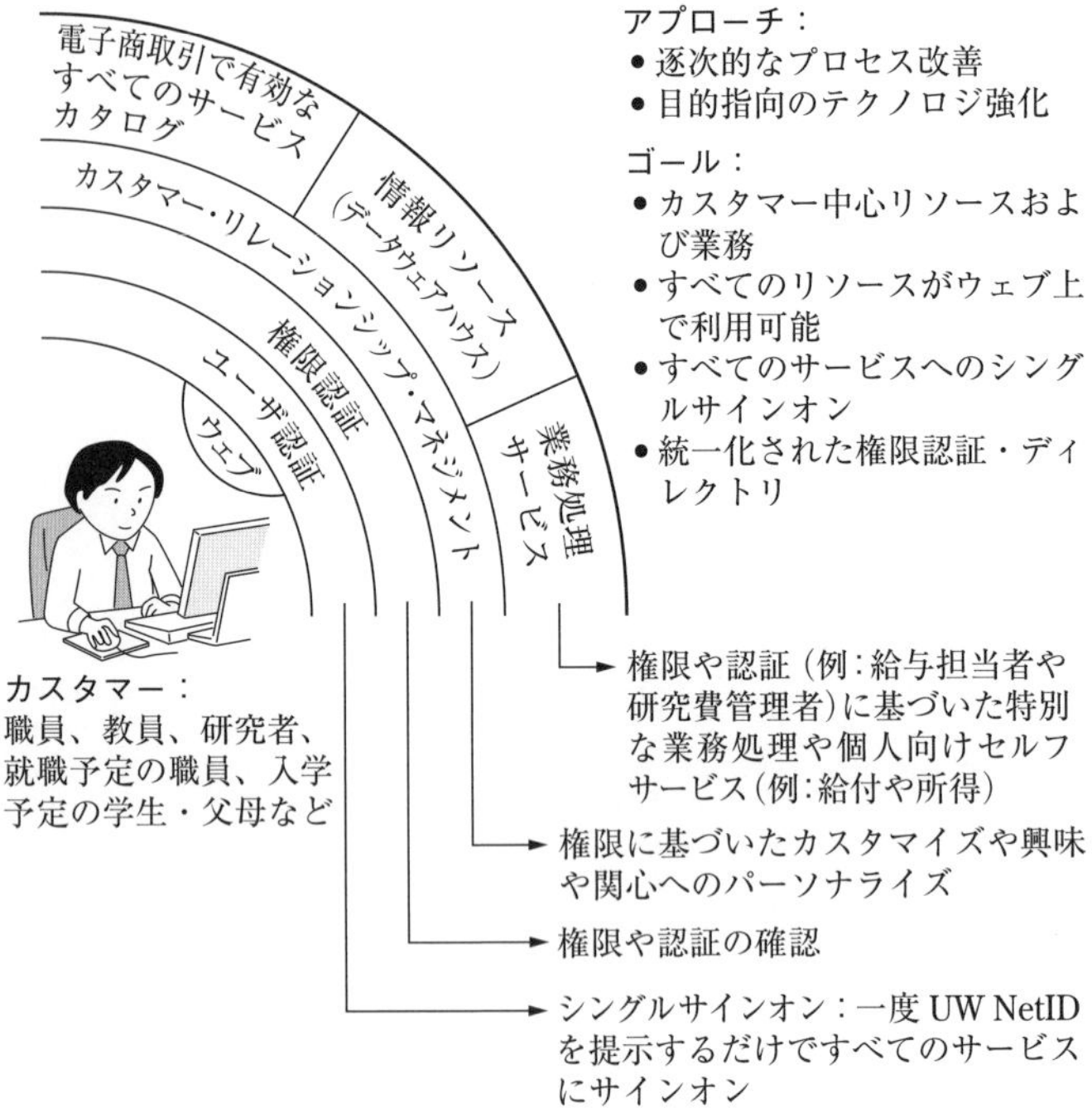

図２・１　カスタマー中心のリソース

学のカスタマーなのか」「カスタマーのニーズを満たすために、新しいテクノロジをどう効果的に使うことができるのか」を再考する一つの方法として、カスタマー中心モデルはとても役に立つ。

カスタマー

大学情報モデルの中心としてふさわしいものは、もちろん「カスタマー」である。カスタマーとの関係が提供者―享受者という単純なリレーションとなる多くの営利企業とは異なり、大学は、様々な構成員とのリレーションにより成り立っており、とても複雑な構造をなしている。実際、カスタマーという用語は、大学に関係する文脈において用いられる場合、誤解を招きやすい。ここでは、カスタマーを、大学との間に何らかのリレーションのある個人が属するコミュニティを表すために用いることにする。大学としては、このようなリレーションを、カテゴリに分けたり、サービスを提供する部局に分けて考える傾向がある。我々のカスタマーについてもっと全体的に考え、どういうリレーションを構築すべきかを考える、今までにないチャンスが、インターネットベースの新しいリレーションによりもたらされている。

ウェブでのやりとりが主のカスタマーの場合、大学側が提供する分類に従って考える必要はないし、考える必要があるべきでない。彼らは、自らのニーズを満たしてくれる情報やサービスさえ得られればよいのだ。

大学のコミュニティには次のものがある——学生・大学院生・教員・研究者・事務職員・幹部職員・ティーチングアシスタント・社会人学生・同窓生・父母・受験生・寄付者・患者・医師・スポーツファンなど。実際、毎月、何らかの理由により、ワシントン大学のウェブを利用する百万人以上のうち、約十パーセントが、我々のキャンパスにおいて日々活動しているコミュニティのコアである学生・教員・職員である。各々のカスタマーは、ふつう、一つ以上のカテゴリに属することになる。例えば、同窓生は父母でもあったり、職員は学生でもあったり、患者は寄付者やスポーツファンであったりする。各々のカスタマーの人生において、このような複雑な大学とのリレーションは、変化し続ける。例えば、次のような個人を想像することは難しくない——高校のときの夏期エクステンションコースの学生の身分から、学部入学が内定した学生へと変わり、その後、学部学生になって、病気のときには大学病院の患者になったりしながら、卒業後は同窓生となる。さらに、職業人大学院に進学して職業認定プログラムを通じて生涯教育を受けたり、スポーツファンになったり、講義録のダウンロードユーザだったり、政治活動に熱心な市民であったり、そして、寄付者になったりする。

生涯にわたるこのようなリレーションを深め、豊かにするための極めてまれなチャンスに、現在我々は直面している。これにより、所属する大学に対するプライドや愛校精神を育むことができ、さらに魅力のあるチャンスを創り出すことができる。多くのドットコム企業(1)やポータル企業は、学生・同窓生・スポーツファンなど、一部のリレーションに焦点を当てているにすぎない。新自由主義経済(2)や新しい学習環境や新しい医療環境に対する我々の戦略について考える際、リレーションをバラバラに扱ったり、一枚岩的に扱ったりするよりむしろ、異なるリレーションとの間でシナジー効果を見出したり、新たなリレーションを創出することさえ可能な、包括的なアプローチを整備することが重要なのである。

ウェブ

ウェブは、大学の情報リソースや、仕事に必要な業務すべてへのアクセスを可能にする「万能レンズ」の役目を果たす。この原理に基づいていない戦略は、アクセス障壁を作り出すことになるだろう。例えば、ＥＲＰシステムやレガシーシステムについては、ウェブによる使い勝手のよい情報リソースへのアクセス手段を提供できるように、強化する必要が出てくる。

もともと、ウェブとは、静的なコンテンツ、すなわち、印刷物の電子的なハイパーリンク版を公開するための手段であったが、これを見直し、今後は、ウェブを「フレキシブルで、アクティブな、パーソナライズされたサービス指向環境」として考えるべきである。これにより、各々の興味やニーズに合ったコンテンツやサービスを提供することが可能になる。これを達成するためには、ほとんどの大学において、これまでにないポリシーや情報基盤サービスが必要となる。

ユーザ認証

多くの大学では、様々なウェブベースのサービスを利用するユーザを認証する統一的な方法を提供するために、全学的に統一されたネットワークIDというコンセプトを実現し始めている。このコンセプトをさらに推し進めるため、我々は、すべての大学サービスについて生涯にわたってアクセスを可能とする全学統一IDの割り当てを現在提案しようとしている。そして、現在使用されている職員番号・学生番号・同窓生番号、そして、特に、まだ多くの大学で利用されている問題の多い社会保障番号を全学統一IDにより置き換えることで、職員番号・学生番号・同窓生番号・社会保障番号が様々なところで使われ、散逸することを防ぐことができる。

全学統一IDを実現するためには、考えなくてはならないポリシーおよび実装に関わる課題がとても多く存在する。プライバシー法で保護されたセンシティブな情報を扱うサービスや、大学に対して将来損失をもたらす可能性がある業務処理、または、大学の信頼や評判に影響のある業務処理を提供するのであれば、リスクレベルを調整することができる業務プロセスやそのためのテクノロジを確立する必要がある。

例えば、全学統一IDを発行する際、セキュリティ基準に合致する方法で提供されていることを保証できる業務プロセスにより、IDとパスワードを発行・提供する必要がある。受験生にとって適切な認証レベルは、管理権限が必要な業務処理に求められるセキュリティレベルや、大学病院の患者に求められるセキュリティレベル、あるいは、救急医師に求められるセキュリティレベルとは全く異なる。もっと重要な点は、全学統一IDの利用を通じて、大学コミュニティの一員としてのリレーションを、これまでよりも全学的かつシステム的に考えることができるようになる点である。

権限認証

ユーザ認証基盤によりユーザが認証され、実際に誰がログインしているのかを保障する適切なセキュリティレベルが確保されると、今度は、どのようなロールやリレーション、権限がそのユーザに与えられているのかを明確にする必要がある。(3) このようなロールや権限は、各システムやサービス用の権限設定ファイルに保存されていて、個別に管理されている場合が多い。

ウェブを通じてより多くの業務サービスが提供されるようになると、権限管理に関するこのような個別的なアプローチは、管理者にとって極端に扱いにくいものとなる。権限管理の理想的なアプローチは、電子申請による分散的でセルフサービス的なやり方であろう。権限認証に必要なすべての手続きは、購入手続きや事務手続きのような、他の管理業務において用いられるセルフサービス型の決裁プロセスに従うことになる。このようなワークフロー管理手法は、分散的な方法での権限認証を集中管理するための重要な要素である。

鍵となる他の要素としては、個人やその人に関連する大学とのリレーションを確実に把握するための「個人属性情報」である。多くの大学では、卒業生ロール・学生ロール・事務職員ロール・教員ロールのように、ひとまとまりのロールにまとめ上げてはいない。しかし、大学が、大きな単位で個人それぞれに合った画面表示を容易に提供したいのであれば、個人属性情報によりロールをまとめ上げることは極めて重要となる。

ポータルによるリレーション管理

ポータルは、その中核的な機能をユーザ認証・権限認証基盤に依存している。全学統一ＩＤでログインすると、誰がアクセスしているかが認証され、権限認証システムにより、そのユーザの大学とのリレーションや権限のすべてを認識することができる。

ポータルは、ウェブベースの情報やサービスの画面を、各ユーザの大学とのリレーションに基づいて適切に表示することができ、そのユーザは、自分の興味関心に基づいてその画面をさらにパーソナライズすることができる。ポータル管理者やリレーション管理者は、リレーションやパーソナライゼーションの変更を長期にわたり追跡し続けることになる。これは、とても強力なコンセプトで、長期にわたって所望のコミュニティを形成し、個人と大学との間で現存するリレーションを深めることが可能となる。

サービス

ポータルを通じて提供されるサービス、すなわち、教育・学習・研究・図書館サービス・公共サービス・診療・エンターテイメント・芸術などは、大学における活動のすべての範囲を反映することになる。

パーソナライズされたサービスを、ポータルを通じて提供する方法を表すコンセプトとして、「マイワーク」（研究者や幹部職員の活動のために必要な業務処理指向のサービスでパーソナライズされたダッシュボード）や、学生（市民講座や遠隔学習の学生を含む）向けにパーソナライズされたコースコンテンツやアクティビティを反映した「マイスタディ」「マイアドミッション」とか「マイエンプロイメント」というものがある。

B2B型[4]のeコマースサービスでは、学内外の商品やサービスのカタログを、大学内での各々のロールに応じて提供することができる。

B2C型[5]のサービスでは、個人の興味やニーズに合わせて的を絞った広範囲のサービスを提供することができる。誰が見ても同じ広告が表示されないように、ポータルによって提供されるロールやユーザプロファイルに基づいて、大学の商業化方針に合わせたサービスの提供を行うことができる。例えば、卒業見込み学生に対しては、卒業式の準備やスーツのレンタル、卒業旅行、家族の宿泊手配を支援することができる。

コミュニティ形成支援ツールにより、ディスカッショングループやニュースフィードを購読したり、個人向けの同人活動に参加したり、これらを立ち上げたりすることができる。

このようなカスタマイズされたサービスの提供は、認証時のユーザＩＤを通じて、「誰であるか」「どんなロールや権限を有するか」「どういう情報を利用・購読しているか」「個人的な興味や活動は何か」を認識することができるユーザ認証基盤が利用できるようになれば、すべて可能になる。

チャレンジ

本章で述べたようなビジョンの実現のために必要な課題は山のようにあるが、ウェブテクノロジや新自由経済主義により様々なものが質的に転換されつつあるのと同じように、これらの課題は、我々を質的に変えていく可能性を秘めている。将来のサービスについてワシントン大学が考えているもののいくつかを反映しているデモを http://www.washington.edu/protos/myuw/demo[6] から見ることができるので参照していただきたい。

読者の皆さんが自身の大学での必要条件に従って優先順位を付ける際に、ここで述べたビジョンやアプローチが参考になると期待している。ＭｙＵＷデモに組み込んだモデルやアプローチ[7]に関するご意見やご感想をぜひとも送付願いたい。その際は、elight@cac.washington.edu のエド・ライトフット宛に電子メールをご送付いただきたい。

第3章　大学におけるカスタマー・リレーションシップ・マネジメント

世界中の教育機関では、学生・教員・職員・同窓生・寄付者を「カスタマー」として捉え、そのカスタマーとのリレーションの持ち方に関して、根本的な変化が起こりつつある。コトラーとフォックスは、「もし『カスタマー』重視でなくなれば、世界で最も優れた大学もその存在の価値は無に帰してしまうだろう。何よりもまず、個々の学生、卒業生、父母（大学内部のカスタマー）、およびその相互関係のケアである。すべてのリレーションが重要なのである！」と述べている（Kotler and Fox, 1995）。

大学は、一九八〇年半ばから一九九〇年後半にかけて、激しくなってきた競争に対応する一方で、コスト削減による効率的な組織を目指して、運営プロセスの構造改革やリエンジニアリングを行ってきた。しかし、この目的を達成するために必要なテクノロジを内製で構築することは、費用がかかるだけでなく、多大な時間を要する非常に困難なものであることがわかってきた。その結果、多くの大学では、ＥＲＰ[1]アプリケーションを導入し、ＥＲＰにあうように組織運営を調整してきた。これにより、内部業務プロセスの自動化や最適化が促進され、経理管理・研究費管理・学生管理・履修管理・

人事管理のような分野において、日常業務に内在していた細かな無駄が一掃された。

現在では、「内部業務の改善」から「カスタマーの重視」へと焦点が移行しつつある。高等教育におけるカスタマーは、今まで以上に配慮された迅速なサービス、つまり「インターネット時代での対応」を求めている。先行する大学では、現在、自分たちの取り組みを外部から捉え直すことにより、これまでのやり方を見直そうとしている。カスタマー中心の考え方に基づいたニーズが、これまで以上に高まりつつあることから、多くの大学が、ERPのときと同じようにテクノロジに自分たちを合わせようとしている。そのテクノロジとは、今回は「カスタマー・リレーションシップ・マネジメント（CRM）[2]」ソフトウェアである。ERPと同様に、CRMソリューションは、業務プロセスの自動化と改善に焦点を当てているが、その対象は、学生募集・市場開拓・カスタマーサービス・サポートのようなカスタマー窓口部門が担当する分野である。CRMは、大学のリソースを、カスタマー中心の観点から最大限活用するための支援を行う点で、ERPよりもさらに数段先をいっている。

CRMとは何か？

CRMは、ビジネス戦略および関連するテクノロジやソフトウェアツールからなり、その目的は、コスト削減、収益増加、ビジネス拡大に向けた新しい機会やチャネルの特定、カスタマーバリュー・満足度・収益性・在籍率の改善である。CRMアプリケーションソフトウェアでは、ベストプラクティスが実装されており、CRMの目的を大学が達成するのに役立つ高度なテクノロジが用いられている。CRMは、カスタマーのリレーション管理に関連する業務プロセスの自動化や改善を目指している。CRMでは、カスタマーライフサイクル全体においてカスタマー中心の見方がとられるが、それは、CRMビジネス戦略において、組織運営の考え方の中心にカスタマーを置いていることを意味する。

カスタマーの観点から見ると、CRMビジネス戦略により、シングルエントリポイント(3)から大学とのやりとりができるようになり、そこでは、そのカスタマーの状況を詳しく理解した要員が応対することになる。このような状況は、学生の場合、入試・履修登録・奨学金・学生アカウント・住居斡旋に関するやりとりにおいて見ることができる。教員や事務職員の場合は、CRMビジネス戦略により、給与支払・各種手当・職員研修・情報技術(IT)・施設に関する管理部門とのやりとりが最適化される。大学の観点から見れば、CRMビジネス戦略により、カスタマー一人ひとり、および、その人にまつわる活動すべてが明確かつ詳細なデータとしてもたらされる。

しかし、具体的なCRMの利点とは何で、カスタマーにとってどんな意味が本当にあるのであろうか? この質問に簡潔に答える一番いい方法は、大学の現場で実際に生じるカスタマーとのやりとりとかけ離れていないサービス業界におけるシナリオについて、CRMの適用事例を考えてみることであろう。一例として、サービスセンターに電話をかけるカスタマーに注目し、その人のアカウントやサービス状況が、担当者が着信に応答するとすぐにわかるケースを考えてみる。

電話システムの機能としては、電話をかけてきたカスタマーの特定、請求書番号の入力を促す合図、会社が持つカスタマー・コールセンター・ソフトウェアとのデータ交換が必要となる。そして、自動着呼分配ソフトウェア（ＡＣＤ）[4]により、カスタマーサービス担当者に電話が転送される。その後、担当者は、カスタマーからの質問回答用に設計されたソフトウェアを使用することになる。このソフトウェアは、業務処理用に設計された事務システムとは異なる。「シングルエントリポイントから大学とのやりとりができるようにする」というＣＲＭビジネス戦略の適用により、カスタマーは、ある特定の電話番号にかければその人のあらゆるニーズに対応してもらえることになり、たらい回しされることなく一回の電話で要求したサービスを処理してもらえる。また、この例では、カスタマーサービス担当者は、カスタマーに関する必要な情報を把握した上でやりとりを開始することができる。使用されるテクノロジとしては、電話システム・ＡＣＤ・データウェアハウス・インテリジェントスクリプティング[5]・レガシーシステム（請求書発行システムなど）とのインタフェースである。このようなテクノロジは、すべて既存のこなれたアプリケーションであり、サービス提供を簡素化・効率化するために統合されている。

なぜ高等教育機関でＣＲＭビジネス戦略を採用するのか？

高等教育機関におけるＣＲＭの状況は、かつてのＥＲＰと重なる部分が大きい。つまり、ＣＲＭは、ＥＲＰのときと同じように、民間と比べて導入が相当に遅れているため、すでに築き上げられた経験則やこなれたテクノロジをうまく生かすことができる。

今日、多くの大学では、学部事務室や学科事務室は全く別の組織のように運営されている。その結果、組織間には「壁」が存在し、各々の組織が持つ異なる機能を、組織を越えて調和のとれた形でカスタマーに提供することが困難な場合が多い。ＣＲＭソリューションでは、カスタマーとのやりとりに関して共通のプラットフォームを提供することにより、カスタマーとの効果的なやりとりを妨げる「ストーブの煙突」[6]をなくすことを目的としている。また、ＣＲＭアプリケーションでは、カスタマー、あるいは、将来カスタマーになるかもしれない対象者とのやりとりを行う事務職員の効率を高めるようにデザインされている。ＣＲＭアプリケーションにより、カスタマー対応の改善や「ゆりかごから墓場まで」というカスタマーライフサイクルに関するより包括的な視点がもたらされる。ＥＲＰシステムと直接連携しているＣＲＭソリューションでは、解決されるまで終わらない明確に定義されたやりとりにカスタマーを取り込むことにより、カスタマーの要望を完全に満たすことができるため、特に強力である。カスタマー対応業務において、ＣＲＭアプリケーションがベストプラクティスを統合・提示・実行するための枠組みを提供するのに対し、ＥＲＰは、それらを効率的に達成するためのバックボーンやリソース、運用アプリケーションを提供する。

ｅビジネスを促進し可能にするＣＲＭの力は特に興味深く、これにより、カスタマー・納入業者・事業パートナーと大学の間のコラボレーションを、シームレスかつウェブベースなものにすることができる。ＣＲＭアプリケーションでは、複数のチャネル（ウェブを含む）にまたがる様々なカスタマーとのやりとりや業務処理が追跡・管理される。学生募集のリクルーターや人材開発役員が頻繁に個人とのやりとりが生じるケースがある大学では、ＣＲＭを用いて、やりとりや業務処理を管理する枠組みを提供することにより、個人とのやりとりにウェブを用いることができるようになる。また、オンラインで商品やサービスを購入することや、個々のカスタマーに対して完全にパーソナライズされたウェブベースのサービスやサポートを提供することもできるようになる。

高等教育におけるCRMの事例

ＣＲＭプロセスやＣＲＭテクノロジの出現により、新しい種類のサービスやリソースの発展が促進される。ここでは、入試や学生募集の業務プロセスにおいて、学生を支援するためのＣＲＭビジネス戦略の実装を取り上げる。

マーケティングキャンペーン管理プロセスやそのアプリケーションシステムにより、学生募集や寄付募集の両方を支援することができる。例えば、「州外の学生やマイノリティ学生の増加」[(7)]や「医師資格取得を目指す学生の増加」という在籍者に関する目標を大学としてかかげているとする。大学は、データ解析に基づいて最も応募しそうな学生を絞り込む。そして、ダイレクトメール・キャンペーンを、電子メールと郵便の双方で行う。それぞれの案内本文には、大学へのアクセスに必要なＩＤが記載される。どのチャネル（ウェブ、電子メール、電話、ＦＡＸ、その他）からも反応が返ってこない場合は、フォローアップの電子メールが送信される。

対象者には、郵便による手紙を受け取る三日前に電子メールが送付される。そして、対象者はその電子メールに記載されているハイパーリンクをクリックし、学生募集のウェブページにアクセスする。するとＩＤを入力するように求められ、パーソナライズされたホームページやポータルにアクセスすることができる。そのウェブページは、データ解析により判明した対象者の興味に基づいてカスタマイズされている。例えば、対象者がスポーツや音楽に興味がある場合、大学の運動部へのリンクがあったり、吹奏楽団のウェブページが表示されたりする。あるいは、もし職業選択候補に医師が挙げられていたら、医学部のウェブページへのリンクが表示される。そして最後に、入学願書や学資援助情報、奨学生募集プログラムなどの標準リンクが対象者すべてに提供される。対象者はそのサイトを通じて、問い合わせカードに記入し、医師臨床研修や学資支援に関する情報を問い合わせる。大学は、対象者の回答をモニタし、必要に応じて、フォローアップのためのコミュニケーションを開始する。

大学組織へのCRMの影響

大学組織内では、この新しい機能の多くは学生分野に焦点を合わせることになる。このような学生とのリレーションにおける機能や能力の新たな段階は、学生だけでなく、幹部職員や教員、大学全体にも同じように影響を与えることになる。

学生

今日のシステムには、学生、特に、自分たちの学習環境をもっと自らの手でよりよくしたいと思っているテクノロジに詳しい新しいタイプの学生を、満足させるような機能はほとんどない。今どきの学生は、システムをカスタマイズするためのオプションや、成績、および将来に関する情報に関して、これまでよりさらに高いレベルでのアクセスを求めている。また、自分たちの学習活動において、テクノロジが様々な局面で駆使されることを求めている。教育学習サービスリソースにネットワーク経由でアクセスすることを学生が期待するようになるにつれて、教育学習サービスにアクセスするためのスタンダードは変わってくる。ネットワーク経由で利用するバーチャルなサポートシステムを用いて、自分のスケジュールや必要性に合わせて講義を選べるようになると、何時間も列を作らせるような、古いやり方での対応は、学生にとっては受け入れがたいものになるだろう。

幹部職員

大学の事務システムを対象にしたCRMビジネス戦略により、幹部職員に権限を与える真にセルフサービスなシステムも導入され、サービスのための管理業務リソース投資を再考することになるだろう。情報の維持管理に関する責任は学生や教員にシフトするとともに、重要な処理を行ったり極めて重要な情報にセキュアにアクセスしたりする権限を与えることにより、将来計画づくりを支援するようなより生産的で意義があり、満足感をもたらすことになる個々の学生とのつながりを大切にした活動に幹部職員は焦点を当てることができる。

教員

今日のシステムは、教員に対してはほとんど価値を提供していない。多くの大学では、学生サービスと教育活動との間には大きな壁がある。この壁はしばしば、事務用の情報システムと教育研究用の情報システムとの間の壁として反映される。新しい学習環境では、教員サービスや学生サービスは密接に関係づけられ、学生の学習環境をよりよくするためにリソースや戦略がダイナミックに共有される。行き詰まっている学生に対して特別な学習オプションを準備するために、入試情報が組み込まれたその学生の学習プロファイルに、担当教員がセキュアにアクセスできるようになるときのことを思い描いてみよう。キャンパスにおいて鍵となるサポートプログラムを、自宅にいながらでも、学生に直ちに紹介できるような手続きを想像してみよう。こうして、動的に学生に関連づけられたシステムを用いれば、学科のカリキュラムプランナーが、学生の学習に真に変化をもたらすことができるテクノロジの利用について、より正確な全体像を把握し整備することができる。

寄付の依頼

高等教育において、寄付による資金調達はますます重要な課題になってきている。その目的は、大学のミッションを寄付者へ「売り込む」ことである。その成功の度合いは、寄付の依頼に対して、どのくらい実際に寄付の申し込みにつながったかにより測られる。寄付の依頼は、一種のセールス活動として見なされるとともに、ボランティアによって行われるのが通例である。しかし、CRMアプローチによる寄付の依頼の場合は、運動部のサポーターや音楽愛好家のような他のリレーションを通じて大学とのコネクションがすでに確立されている寄付候補者に対して、パーソナライズ技術が適用され、寄付依頼のための一覧が作成される。その一覧には、子弟が卒業した後も、寄付を長く続けてもらうために必要な最新情報がいっしょに記載される。このような寄付者は、寄付行為を自分が大切だと思うものへの投資であると考えている。さらに、このような寄付者に対する姿勢は、大学の評判にもつながり、他の人の評価をも獲得する。CRMを用いることにより、電話勧誘ボランティアによる小規模な活動ではなく、大学全体で資金調達に取り組み、組織化することができる。「最後の寄付がフットボール用ヘルメットの購入であった」という事実がわかるテクノロジがあれば、次回寄付募集を行う際、非常に価値あるものとなるだろう。究極の目標は、寄付者が、寄付の依頼がなくても、生涯にわたって寄付してくれるようにすることである。

大学

CRMは、様々なカスタマーを魅了し続けるよう、大学の活動を方向づける概念的で構造化された新しい枠組みを提供する。情報やサービスにアクセスしやすくすることによって、大学のカスタマーすべてにメリットをもたらす方向として、次のものが挙げられる。

- 学生・教員・事務職員・同窓生が、ウェブ対応の任意のデバイスを用いて、世界中どこからでも情報にアクセスし、更新することができる。
- 業務規則とワークフロー処理ライブラリを統合し、様々なアプリケーションを全学のデータベースに一つひとつ統合していくことにより、学生管理システム・財務システム・同窓生システム・人事管理システムの間の区別をなくす。
- 今日のシステムが焦点を当てているガチガチのプロセス構造よりむしろ、カスタマー視点でのニーズに焦点が当てられる。

- 事務システムを教育用計算機システムや通信システムとシームレスに統合する。

最も重要なのは、大学全体の意識を構成員に向ける、真にロバストな教育プロセスや教育ツールの力である。高等教育における業務は、事務システムではなく、大学のサービス対象である「人」そのものに焦点を合わせるべきである。

CRMビジネス戦略の投資対効果

CRMビジネス戦略を実現することにより得られるメリットは広範囲に及ぶ。CRM活動やCRMテクノロジは、大学にとってかなり新しいものなので、メリットはまだ明確ではないが、すでに実績のある民間では、次のメリットが挙げられている。(8)

- 収入が最高四十二パーセント増加
- 販売経費が最高三十五パーセント削減
- 発注ミスが最高八十パーセント削減
- 販売サイクル期間が最高二十五パーセント短縮
- 利益幅が最高二パーセント増加
- カスタマー満足度評価が最高二十パーセント増加

これらを大学に当てはめて解釈すると、次のようになる。

- 学生募集や留年率の改善による収入の増加

- 学生募集経費の削減
- カスタマーサービスの改善
- より迅速なやりとりの実現
- カスタマー満足度の向上

多くの大学では、カスタマーサービスの向上を目的として、ＥＲＰの導入を始めた。その結果、ある程度サービスは改善され、目標は達成されたが、カスタマーとのやりとりをサポートすることがその要因ではなく、処理スピードの向上とよりよいデータにより、改善がもたらされたのである。ＣＲＭへの投資により、大学は、ＥＲＰへの投資をよりよく生かすことができる。ＣＲＭビジネス戦略および関連するテクノロジは、カスタマーとの直接的なやりとりを容易にすることを目標としている。このようなプロセスやテクノロジは、大学にとって、様々な面からカスタマーを一体的に把握する手助けになる。

大学が、このようなプロセスやテクノロジの潜在的可能性を現実のものとするためには、カスタマーサービスやカスタマーとのリレーションに関する明確なビジョンをまず策定し、そして、ビジョンの実現に向けた具体策を、管理可能な小さなプロジェクトにブレイクダウンすべきである。例えば、まず入試課が行うマーケティングやキャンペーンの管理において実現し、それを広報や、人事、給与計算へと広げるべきである。あるいは、ＩＴを用いてコンタクトセンターのアプリケーションをまず実装し、学生サービス・入試やその他の分野に展開する場合もあるだろう。

結論

広範囲に及ぶ経済的・技術的・文化的変革に直面したことにより、学術機関は、安定した新しいカスタマーの注目を引き付けつつ、既存のカスタマーとのリレーションにおける価値と効果を高めようとしている。大学がｅビジネスやｅラーニングを取り込み始めるにつれて、ＣＲＭを推し進める力はさらに強いものとなる。

生産性に関わる課題としての「効果的なカスタマー情報管理」という考え方は、「競争的優位性をもたらすための効果的なカスタマー管理」の必要性に置き替えられつつある。将来のシステムは、生産性に関わる機能（例えばウェブベースの履修登録）から戦略的なアドバンテージとしてのカスタマー情報の整備へとさらに進むことになる。「学生、教員、事務職員、同窓生はみなカスタマーである」というコンセプトは、すべてのカスタマーを大学に引き付け、リレーションを維持したサービスを提供する際に、極めて大きな影響を与えるものになる。

第4章　ホームページとウェブポータル

ワールド・ワイド・ウェブは、独自に進化を繰り返しながら、インターネットにおける傑出したアプリケーションの地位を保ち続けている。その結果、多くの人々にとって、ワールド・ワイド・ウェブという言葉は、インターネットと同義語になっている。そして今度は、ウェブポータルにより、新たなステージに向けた進化の過程にウェブは入っている。この変革は、ウェブに対してこれまでもたらされてきた他の変化以上に、はるかに大きな影響を与えるものであることは明らかであり、大学や企業のウェブページを構築する方法や、その組織体制、ウェブの基本的な利用法を変えることになる。

「ポータル」とは、これまで我々が行ってきたことに対して付けられたはやりの名前でも新しい名前でもない。ポータルにより、ウェブは、大学を中心とした考え方でまとめられた情報やアプリケーションの「静的なコレクション」から、ユーザを中心とした考え方でまとめられた「動的なコレクション」へと変わっていく。すなわち、訪問者に関係なく同じホームページを表示するのではなく、アクセスするユーザ一人ひとりに応じてカスタマイズされパーソナライズされた、その人固有のウェブページを表示することにより、大学の魅力をアピールすることになる。

情報技術（ＩＴ）ベンダやＩＴ専門家の多くが、ポータル用ソフトウェアやポータルライクなウェブページを構築しようとその動きを早めているが、彼らは、大学を対象にしたポータルビジネスがどのようなものかを十分に理解していないし、ウェブポータルがどのようなものでどうあるべきかさえ正確には理解していない。二〇〇〇年にデトロイトで開催されたモーターショーで、フォード社の前ＣＥＯのジャック・ナッサーは、「我々は、まさに自動車やトラックをインターネットへのポータルに変えようとしているのです！」と語ったが、どれだけ努力しても、自動車は「ポータル」にはなりえない。自動車からでも、ポータルにアクセスできる場合があるかもしれないが、彼は、「ウェブにアクセスできる場所すべて」という意味で、ポータルを用いている。ワイン・ドットコムのピーター・グラノフは「自分たちはワインのポータルになる」と語っている。おそらく、「ワインに関係することすべてはワイン・ドットコムにあり、あなたの好みにも応じます」ということを言いたいのであろう。これは、多少はポータルライクなものといってもよい。デジセント社は、「スノータル」という香りに関するインタラクティブなウェブポータルを構築中である。キャンパス・パイプライン社は、各大学の学生用ウェブポータルを構築しようと考えている。ＩＢＭ社、オラクル社、ピープルソフト社、ブラックボード社、ピアソン社などは、ポータル製品をすでに提供している。そして、二年以内には、ソフトウェアベンダはすべて、何らかのポータル製品を提供するか、どんなポータル上でも自分たちのアプリケーションの実行を保証することになるだろう。

ポータルソフトウェアを販売するこのようなドットコム関係の企業以外にも、ネットスケープ社の「ネットセンター」やエキサイト社の「マイ・エキサイト」、ヤフー社の「マイ・ヤフー」、アルタビスタ社の「マイ・アルタビスタ」など、ウェブの無料ポータルを目指して競い合っている多くのサイトがある。今後、My.ragingbull.com や My.ticketmaster.com、My.propertyline.com のように、Myを頭に付けたほとんどすべてが、ポータルライクなウェブページを提供するようになるだろう。

ポータルとは何か？

ポータルを名乗るサイトが数多くあり、ポータルソフトウェアを販売するベンダも多数あるということは、ポータルに関するしっかりした定義があるに違いないと思われるかもしれない。しかし、実際には、紛らわしくかつ矛盾がある多くの定義がある。「ポータル」という言葉を、ホームページ上に単につければポータルになると信じている人さえいる。結局、たくさんのリンクが十分にあって、かつ、検索エンジンへのリンクがあれば、どんなホームページでも他の多くのサイトにユーザをアクセスさせることができる。しかし、これをポータルといってよいのだろうか？

ポータルを、「水平型ポータル（HEP）[1]」、または、「垂直型ポータル（VEP）[2]」の二つのグループに分けると扱いやすい。水平型ポータルは、誰でもアクセス可能なウェブサイトで、ユーザが必要とするであろうサービスをすべて提供しようとするサイトである。前述のネットセンターやマイ・エキサイトは、水平型ポータルの一例である。ショッピング・天気予報・株価・ニュース・検索エンジン・チャット・星占いなどを提供するサイトもすべて水平型ポータルに含まれ、各ユーザのホームページとして自分たちのサイトを設定してもらおうとしている。このようなサイトは、天気を知りたい都市を選択できたり、表示したい株銘柄やニュース情報源を選択できたり、ウェブページの見た目を変更できたりなど、あの手この手で、表示するページをパーソナライズできるようにしている。複数の株価ポートフォリオを作成できたり、評価額を頻繁に更新できたり、さらなるパーソナライズ機能を提供する水平型ポータルもある。必ずとは言えないが、多くの場合、パーソナライズに必要な情報は、各ユーザが使っているコンピュータで起動されているウェブブラウザに「クッキー」(3)として保存される。しかし、他のコンピュータからアクセスすると、そのクッキーは保存されていないので、パーソナライズに必要な情報は確認できなくなる。水平型ポータルには必ずと言っていいほどそのポータルに対して掲載料を支払っている広告があるので、ポータルサイト運営者の目的はできるだけ多くの人々の目を引き付けることにある。

大学や企業で働いている職員が必要とするウェブ情報へのリンクすべてが、水平型ポータルにあるわけではない。どういう立場の職員であっても、仕事の最中にほしい情報の多くは、自分が働いている組織や、その組織での自分の職務に関係するものとなる。大学職員の場合、大学の休日やイベント情報が掲載されている大学カレンダーが必要になるし、会計報告・作業中のタスク状況・組織図・福利厚生情報など、多くの情報へのアクセスが必要になる。人が違えば、その人のロールに応じて、必要な情報も違ってくる。例えば、学生の場合は、自分のコースや試験日程・図書館から借りている図書情報・自分の成績やその平均点・学資支援状況・課外活動に関する情報などが必要になる。入学希望者やその父母・在籍学生の父母・同窓生・教員・他の大学からの研究員・大学に派遣されているベンダの従業員は、皆、同じ組織に関わっているが、ウェブ情報に関するニーズはそれぞれ異なる。水平型ポータルは、それぞれの組織が所有するデータベースには接続されないので、独自に持つもの以外は、ユーザが所属する組織に依存した情報を提供する手段がない。ユーザが所属する組織だけが、そのユーザが必要なウェブ情報すべてへのアクセス方法を本当に提供することができるが、その場合でも、全米教職員年金協会・大学年金基金（ＴＩＡＡ・ＣＲＥＦ）に関する情報のようなユーザが必要なものの多くは大学の外にある場合もある。

一方、垂直型ポータルは、ユーザ中心の考え方で組織依存の情報を提供するポータルである。大学における垂直型ポータルでは、水平型ポータルが提供する情報がすべて提供されるべきである。水平型ポータルの場合、最初に表示されるページは誰でも同じであるのに対して、垂直型ポータルは全く異なったものとなる。また、垂直型ポータルの場合には、アクセスにはユーザ認証が必要となる。ユーザが垂直型ポータルにログインすると、そのユーザに合わせてカスタマイズされたポータルページが表示される。垂直型ポータルでは、対象となるユーザは、その大学の構成員であるので、ログインしたユーザに関する多くの情報を所有している。例えば、垂直型ポータルでは、「どのような集団（例えば、学生、教員、職員）にユーザが所属しているか」がわかるし、「どのようなロールをユーザが担っているか（例えば、ヘルプデスク管理者、部局長、ホッケーチームメンバ）」「ユーザがどんなプロジェクトに参加しているか」「ユーザが休暇をその年に何日とっているか」など、多くの情報がわかる。水平型ポータルが提供できない情報が、ポータルページをカスタマイズするために用いることができるので、大まかに言って、ユーザが普段使用する情報をすべて含めることができる。必然的に、異なるユーザに対しては異なる見た目になるだろうし、もちろん、水平型ポータルの場合と同じように、最初のページをパーソナライズすることもユーザは可能である。

C・P・A・D

極論を言えば、垂直型の大学ポータルは、大学内で唯一の「C・P・A・D[4]」、すなわち、「カスタマイズされていて、パーソナライズされた、アダプティブなデスクトップ」であるべきである。カスタマイズは、ポータルソフトウェアによって提供されるユーザ認証情報に基づいて行われる。垂直型ポータルにログインすると、自分に関する様々な情報へのアクセス権が与えられ、カスタマイズされたポータルページが表示される。垂直型ポータルのユーザは一人ひとり異なるので、違った形でカスタマイズされた最初のページが表示されるべきである。ポータルアプリケーションサーバの中核機能であるカスタマイズエンジンにより、各ユーザのロールや、職責、ワークフロー、およびその人がアクセス権を持つ情報が決定される。これらの情報が更新されると、ユーザに提供されるカスタマイズされたポータルページも変更されることになる。カスタマイズがよいものであればあるほど、よりよいポータルになる。水平型ポータルの場合、初めてアクセスしてきたユーザの情報は持っていないので、ほとんど、あるいは、全くと言っていいほどカスタマイズ機能を働かせることができない。また、水平型ポータルには、大学が持つユーザの個人的なデータにアクセスする権限を持たさせたくないと考える人もいる。

カスタマイズ機能がベストなものであっても、完璧なポータルが提供されるわけではない。人は皆、それぞれ違った形で仕事をするし、違ったニーズや欲求がある。ポータルでは、ポータルページをユーザ自身がパーソナライズできる必要があるし、カスタマイズされたポータルに適用された個人的な変更を保存したり取り消したりすることができる必要もある。最悪の場合でも、チャネルやアラートを購読・購読解除したり、背景画像や配色、フォント、ポータル上での配置を設定したり、アプリケーションパラメータを設定したり、プロフィールを作成・編集したり、リンクを追加・削除したりすることにより、自分の日々の仕事に合うようにポータルを調整できる必要がある。ユーザが共通に使用する情報やアプリケーションすべてにポータルからアクセスできるようにするだけでなく、そのユーザに最も合った手段でアクセスできるようにもすべきである。

また、ポータルはアダプティブ、すなわち、適応的であるべきである。ユーザのスケジュールやワークフローがポータルにはわかっていて、必要なときに適切な情報をユーザに提供できるべきである。例えば、春には予算を作成し、金曜日には職員の業務評価を行うことがわかっているとしよう。すると、これらのタスクを遂行するために適切なツールが適切なときに表示される。また、仕事の仕方の解析も行い、その人の仕事を支援する方法を示唆するようにする。ユーザが外部アプリケーションを使用するために、ポータルからしばしば離れることを検知したら、そのアプリケーションをポータルに追加する手助けをするか、強制的に追加するようにする。

最後に、ポータルは、ユーザにとってコンピュータのデスクトップであるべきである。ポータルは、ウェブにアクセスする際、最初に表示されるべきだし、多くの場合で、コンピュータのデスクトップがポータルで置き換えられるべきである。ユーザから見れば、ポータルはコンピュータそのものになる。ユーザは電子メール・文書処理・予算管理・システムデザインなど、ポータルを経由して行う必要がある仕事のすべてを行うことができる。そのユーザのデスクトップ画面に表示されるものは、ポータルと、ポータルを通じて得たものだけとなる。「C・P・A・D」、すなわち、カスタマイズされていて、パーソナライズされた、アダプティブなデスクトップというポータルの見方が、目指すべき方向なのである。C・P・A・Dにより、OSが、マッキントッシュ、ウィンドウズ、UNIX、あるいは、Linuxのいずれであるかは、ユーザにとっては重要ではなくなる。ハードウェアについても同様である。無線接続されたラップトップ・コンピュータやパームトップ・コンピュータ、ウェブ専用端末、ウェブ対応携帯電話、または、腕時計型端末からアクセスできるC・P・A・Dが出てくれば、このようなアクセス環境に自動的にカスタマイズされることになるだろう。

垂直型ポータルではどうか?

垂直型ポータルには、ユーザが共通に必要とする情報やアプリケーションすべてにアクセスできるページがある。そこには、アラート、ナビゲーションタブやアイコン、ディレクトリ、画像、リンクがある。また、ユーザが情報を取得できるようにするため、検索機能も必要である。検索は、ウェブ全体、ユーザが所属する組織のウェブだけ、ユーザが閲覧しているページ、あるいは、ポータルの特定のチャネルに関連した情報だけを対象とする。ポータルの機能の多くは、「チャネル」という小さな窓のようなエリアに表示される。

チャネル

ポータルには、動的に生成されるリンク一覧が数多くあり、そのほとんどが、いずれかのチャネルにある。チャネルとは、株価・天気・検索・カレンダーなど、特定の情報やアプリケーションである。新聞紙面のように段組されていて、各列にチャネルが複数表示される場合もある。ポータルの最初の画面では、カスタマイズエンジンが機能し、最も適切なチャネルをユーザに表示する。チャネルのコンテンツはパーソナライズされ、ポータルページ内でのサイズや見た目、位置もまたパーソナライズされうる。さらに、ユーザはアクセスが許可されているすべてのチャネルについて購読・購読解除することができる。そのようなチャネルは、ポータルを最初に閲覧したときに表示されるとは限らない。

チャネルでは、特定の情報へのアクセス権限がユーザに与えられる。その実現方法の一つは、そのユーザが利用可能なリンクを表示することであるが、チャネルがリンクでいっぱいになってしまうと、チャネルは、動的なブックマークあるいはお気に入り一覧にすぎなくなってしまう。共通に必要とされる情報へのリンクを横に並べてしまうと、ポータルの設計が貧弱になってしまう。このため、チャネルでは、リンクではなく、実際のデータやアプリケーションの一部を表示する必要がある。

学科事務責任者が、予算残額を調べる必要があるとしよう。その人は、ポータルページの右にその残額を表示する予算チャネルが気に入るはずだ。このような、小さいが重要なデータを表示するためのチャネル内にある小さなデータウィンドウを、「データフラグメント」と呼ぶ。チャネルは、また、

「アプリケーションフラグメント」を表示することもできる。アプリケーションフラグメントにより、ポータルユーザは、チャネル内においてちょっとしたアプリケーションを実行することができる。場合によっては、データをアプリケーションフラグメント内のテキストボックスに入力して結果を得るような場合もあるかもしれない。検索チャネルには、ユーザが検索語を入力するテキストボックスが用意されるのが普通で、検索エンジンへのリンクがあるだけというのは許されない。また、検索に必要な条件を指定するためのボタンやオプションも必要である。検索結果にも依存するが、検索結果は、チャネル内あるいは新しいウェブページ内に表示される。例えば、学内内線番号や電子メールアドレスの検索は多くの人が必要とする共通的なものである。この場合、ユーザは人の名前を入力するだけで、その人の電子メールアドレスや内線番号が、ポータルページの検索チャネルに表示される。

また、データフラグメントやアプリケーションフラグメントと同じだが、元がウェブページまたはウェブアプリケーションである「ウェブフラグメント」をチャネルに含めることもできる。リンクは、フラグメントを使うことができない場合あるいは現実的ではない場合にのみ使用するべきである。

はじめの一歩

多くの大学が、「学生ポータル」とか「コースポータル」、あるいは、「財務情報ポータル」と呼ばれるものを検討している。まずはじめは、限定された構成員のみのポータルで始めることも致し方ないが、最終的には、学生・教員・職員・同窓生・学生の父母・入学希望者・理事・寄付者・大学のホームページにアクセスする人など、すべての人に提供する学内共通のポータルにできるだけ速やかに移行すべきである。

始める前に、すでに構築されている事例を一度確認してみることをお勧めする。一般的な無料の水平型ポータルを見るだけでも、何ができて何がいいか悪いかについての多くのアイディアが得られると思う。

ポータルを構築あるいは購入する（あるいは、最もあり得そうなのは、購入しカスタマイズする）場合、シングルサインオン機能は必要である。これにより、個別にユーザ認証が必要となる多くのアプリケーションにユーザがアクセスするようになる。ユーザにとって便利なやり方は、まず、ポータルでユーザ認証し、その後は、アクセス権限のあるアプリケーションに対して、ポータルがユーザに代わってユーザ認証を行うことである(5)。

また、大学の管理下にはないチャネルであったとしても、簡単に追加・削除することができた方がよい。

ウェブには再び変革が起ころうとしている。ポータルにより、ユーザおよびＩＴ専門職員の双方に著しい変化が生じるが、それは、大学における情報やアプリケーションすべてにすばらしい価値を加えることになる変化であり、ユーザやＩＴ専門職員の活動をより効率的で生産的なものにするとともに、競争力があって面白みのある教育体験を、ユーザ中心の新しいウェブサイトに訪問するすべての人々に提供することになる。

第5章　大学におけるeビジネス

大学にとってのeビジネスの目的とは、何よりもまず、自学における多様なユーザに対するサービスを改善することにある。[1] eビジネスがもたらす新しいビジネスモデルにより、大学のサービス文化が抜本的に変革されるとともに、サービス提供の効率化や効果の改善が期待されている。なかでも、「サービスのカスタマイズ」や「ワン・トゥ・ワン・マーケティング」は特に重要である。実際、大学側でまとめられた誰にでもわかりやすい組織別の見方とは異なり、その人にとって最も意味のある見方で大学を眺めるチャンスが、それぞれのカスタマーにもたらされる。

第二に、eビジネスとは「コミュニティ形成」に関することであり、特に、「学習コミュニティ」の整備と育成が重要である。ここで、「学習コミュニティ」とは、「ウェブを用いた集団的学びに関わっている人々」を意味する。ポール・スリバスタバは次のように述べている――「学習は、ネットワーク上でのやりとりや、蓄積された学習教材により行われる。労働環境における学習コミュニティは、問題解決に取り組んでいる知識労働者により構成される『実践コミュニティ』でもある。『授業』『研究活動』『実習』『情報閲覧・共有』など、いくつかの参加形態がある」(Shrivastava, 1999)。

ウェブは、大学の様々な学習コミュニティ（在学生、同窓生、一般市民などにより構成）を相互に結びつけ、チャットグループ・電子メール・電子フォーラム・パーソナルリンク・メーリングリスト・サーベイなどを通じて、コミュニケーション・教育・サポートに関する新たなチャンスや手段を提供している。

第三に、eビジネスにより、教え方や学び方も変わっていく。コンピュータを媒介にしたウェブベースの学習コミュニティにおける双方向教育は、部局における変化を促すとともにその変化を支援し、「分業」という形で公的な機関や民間企業との間で新しい教育パートナーシップを形成する。その際、情報技術による高度なカスタマイズの可能性が、コースやプログラムの提供方法の柔軟さと組み合わさることで、明らかになる。

第四に、eビジネスは、テクノロジに関することよりも、戦略や業務の再設計に関することの方がはるかに多い。インターネットやウェブブラウザは、eビジネスを可能にするツールであるが、サービス提供に関する新しいビジネス戦略・経営モデルがあってこそeビジネスは成功するし、学生・教員・職員の創造力や愛校精神を育むためにも必要である。

eビジネスは、大学における教育活動やサービス活動に幅広い影響を与える可能性があるため、影響を受けそうな分野を見定めるとともに、もたらされるチャンスや障害、評価可能なメリットや実装コストを明らかにしていく必要がある。また、最も期待できる分野を見定める必要もある。

サービス提供や教育活動は、インターネットやポータル利用を前提として再編成・再設計される必要がある。ロールや職責、業務報告関係は大きく替わる。これは、組織的・人的リソースに重大な影響を与えるので、この問題にも、包括的かつ戦略的な方法で同時に取り組まなければならない。

eビジネスには何が含まれるか？

eビジネスとしては、次のような様々な取り組みが網羅される。

- 情報の発信およびコミュニケーション――例えば、ウェブ検索、ニュース、引用支援ツール、図書の電子化、電子メール、チャット
- 教育・学習――例えば、テクノロジを活用した学習、ウェブベースコース、オンライン試験、ビデオストリーミング、遠隔地へのコース配信、複数の大学やコンソーシアムベースでの教育プログラム
- ウェブやポータルを利用した職員・学生サービスの提供（インターネット事業者が提供しているワンストップサービスへの静的・動的リンクを含む）。
- 業務連携や自動化、自己解決型のオンラインヘルプを通じた業務プロセスの最適化――例えば、入学金の支払いやオンラインショッピングの支払い、分割払いの申し込み
- オンラインでの共同研究
- 電子的な承認・決済
- 提供するサービスのカスタマイズ
- ユーザ認証または本人確認

- 商品やサービスの販売・購入
- 遠隔教育を通じたグローバル市場への進出
- 大学が持つブランドの認識や愛校精神の促進
- コミュニティの形成、特に、学習コミュニティ
- ビジネスパートナーとのリレーション管理および協調活動。同様に、大学構成員との業務リレーション管理やサポートの再定義
- リスク管理・コンプライアンス管理

なぜ大学はeビジネスに挑むのか？　課題と矛盾

バーチャル空間においてeビジネスを利用して新規に大学を開校した民間企業（や公立大学）から、従来型の大学は激しいプレッシャーを受けていると言われている。バーチャル化により、教室、図書館、寄宿舎、運動部は必要なくなり、非常に有名な海外の教員をリクルートすることにより、マーケットリーチやオーバーヘッドを低く抑えることができるので、このような民間企業（数でいうと五百社以上）には、恐らく、競争力があるだろう。アポログループやデブライ社のような教育活動を通じて利潤を追求している企業は、経営、エレクトロニクス、応用技術、医療のような急速に成長している分野において、キャリア指向の教育に焦点を当てている。在籍数は、ほぼ二パーセントのマーケットシェアまで成長しており、年率十パーセント以上で成長している（Blustain, Goldstein and Lozier,

1998)。現時点において、事業計画に沿った予定どおりの決算が見込まれており、提供されている教育プログラムに対する需要も堅調で、カリキュラムや学生・社会人双方にとって魅力的な教育を整備・提供している点において画期的である。他の競争相手としては、モトローラ社やGM社、マクドナルド社が自社の従業員教育を目的とした「企業大学」、四十カ国十六万四千人の学生にサービスするオープンユニバーシティ（英国）のような「マンモス大学」がある。最近では、「マイケル・セイラー氏が、百億円ものソフトウェア事業での収益を用いて、数千人の教員により提供される無料のオンライン教育を始める」とのアナウンスもあった（New York Times, Mar. 2000）。

その一方で、従来型の大学への外部からの挑戦を正しく理解するためには、競争的ではあるが、どのような影響があるのかさらに細かな検証が必要であると、冷静な形でも見られている。より正確に言えば、eビジネス環境において「従来型の大学が脅かされる」というのはどういう場合であろうか？　同様に、大学がそのようなリスクに見舞われる要素があったとして、どのように対応し、そのリスクを低減できるだろうか？　はじめに言っておきたいことは、「eビジネスはバーチャル大学以上のものだ」ということである。ウェブブラウザやインターネットの利用は、大学運営や業務プロセスに適用するのと同じくらい簡単に教育プロセスにも適用することができる。

パーヤーとメルニコフは、新しいビジネス環境において、伝統的なビジネスの競争力に影響を与える五つの現実を指摘している（Puryear and Melnicoff, 1999）。その指摘を大学に拡張するとともに、独自のものも追加してみよう。

垂直統合

「垂直統合」とは、ビジネスにおけるすべての構成要素が、事業部あるいは企業内で管理・生産され、アウトソーシングするものはないという状況を意味する（Puryear and Melnicoff, 1999）。別の言い方をすれば、「水平統合」では、良いものを組み合わせるサービスの配置と統合が、組織の内外において求められ、さらに効率のよいコストで同種のサービスを提供することができる。インターネットを利用する場合、通信コストは安いので、eビジネスでは、すべてのビジネス構成要素を所有・生産する垂直統合よりも、外部ベンダとのコラボレーションを促進する水平統合の方がより安くできる場合が多い。

現在、数多くのeビジネスベンダがマーケットで活動しており、様々な機能の提供に成功している。オンライン入試の分野では、例えば、カレッジネット社やエンバーク社、バーシティブックス・ドットコムが教科書を販売している。オンライン調達では、コマースワン社やアリバ社が利用可能である。サリー・メイ社やeスチューデントローン社などは、学生ローン分野で様々なサービスを提供している。これらの多くが、大学のウェブサイトからリンクが張られる可能性がある。

大学が、アウトソーシングに積極的にならない理由は数多くある。例えば、「政治的な理由」「既存の職員やこれまでのやり方へのこだわり」「これまでの慣習」が原因で、外部ベンダをサービスの中心に統合することを阻んでいる。客観点な比較データがないにも関わらず、多くの高等教育機関には、「内部組織の方がはるかにいい仕事をする」という信仰が残っている。もちろん、そういう場合もあるだろう。しかし、世の中の流れは、アウトソーシングの方向だと私は考えている。「成績証明書発行」「学資補助」「コース提供」のような中核事業と思われているようなこれまで大切にされてきた業務も、外部ベンダに将来アウトソーシングされるだろう。関係組織すべてが水平型で統合された業務環境の中で仕事を行うことに賛同し、その仕事も、カスタマーへの最高のサービスレベルを提供したいというニーズに基づいて、外部ベンダと協調しながら、大学が主体的にデザインすることになる。

関連する他のジレンマとしては、大学のサービス部門に見られる「縦割り構造」である。必要なチャレンジは、高度にネットワーク化・分散化された構造を構築することである。サービスは、官僚的であってはならない、すなわち、「ペーパーレスな業務処理」「不必要な様式の削減」「時間のかからない承認作業」が求められる。承認プロセスはより簡単にしなければならないし、ある場合には、セルフサービス型の承認プロセス（例えば、対象となる人に必要な責任や権限を与えるなど）を採用しなければならない。財務業務や人事業務のように、複数の部門で共有する必要があるサービスもある。規模の小さい学科の多くが、財務・人事業務管理にベテラン職員ではなく非常勤職員を使っている。新しい全学情報システムにおいて、計画・評価機能が最大限利用されるのであれば、これまで以上の効率化が可能になるし、計画・評価におけるさらに多くの専門家が必要になる。

「有形資産」中心対「知識ベース商品」中心

これまで、民間業者にとっては、知識の創造は価値を生み出す源泉ではあったが、事業コストがかかり、売上にはつながらなかった。売上は、商品やサービスの販売によりもたらされていた。しかし、知識が非常に価値のある身近なものになるにつれて、世界は昔とは異なってきている。知識は、国やビジネスコミュニティがますます重視すべき事項になってきている。
「知の創造」は、大学の中核事業であり、情報提供による収入や、特許や著作権によるロイヤリティの源泉でもある。有形資産は、高いレベルの教育・研究を行ったり、コミュニティや愛校精神を形成したりするために、これまでどおり重要である。しかしながら、eビジネスにより、無形資産を広範囲のカスタマーに「投資」することができるとともに、これ自体、大学にとって大きなチャレンジでもある。例えば、遠隔教育やウェブベースでの学生支援のようなサービスを、有形資産があるところから行う必要はもはやない。有形資産である図書館の蔵書の一部は、電子情報としてアクセスさせることにより、置き換えることができる。

最も重要なことは、オンライン教育コースやコース教材の系列組織を通じた提供、すなわち、「シンジケーション」の可能性であろう（Werbach, 2000）。メディア産業においては、「シンジケーションによりデジタル環境における大きなチャンスがもたらされる」と言われてきた。ウェブでは無数の人々が、数千もの独立な配信ポイント（ウェブサイト）を通じて、モジュール化された情報を利用したり、再利用したりすることができる。大学は、多くのパートナーから教材を引き受け、アーカイブすることにより、コンテンツをシンジケートすることができる。その事例として、米国中西部高等教育コンソーシアム（MHEC）[2]により支援されている「分散学習ネットワーク」はすばらしいものだ。MHECは、コンソーシアム内での利用を目的としたデジタルコース教材を提供する大学コンソーシアムである。大学は、コンテンツを世界中の学生を対象に配信することもできる。UCLAエクステンションでは、「在宅教育ネットワーク」によるアライアンスを形成し、オンライン上のCD-ROM

教材により自分たちのコースを配信している。Uネクスト・ドットコム社は、スタンフォード大学、シカゴ大学、コロンビア大学、カーネギーメロン大学、ロンドン経済大学と提携し、グローバルに展開することを指向するこれらの大学のコース教材を開発している。

大学は、どういう方法で、どういうパートナーと、どういう役割分担で提携するかを決める必要がある。例えば、自分たちの大学が、シンジケータやディストリビュータへの主要なコンテンツ提供者になるのか、あるいは、教育素材だけでなく、図書館の蔵書へのアクセスの助言もシンジケートの対象にするのか、などだ。

無形の「情報商品」の販売は、容易に大規模化できるスケーラビリティを有しており、各アイテムの販売に必要なコストは販売数が増加するとともに低くなっていく。研究開発のための投資は、最初が最も多く、次第にゼロに近づいていく。事業化に際しては、シェアをある程度確保しスケーラビリティの効果を享受することを目指して、その事業における業界標準や大多数に照準を合わせることになる。この主張は、バーチャル大学のメリットに関する議論においてよく知られているが、これは、迷信と言わざるを得ず、品質の高い教育・サービスや分散システムを用いたコース提供に必要な経常コストは、これまでと同じくらいか、もっと高い。しかしながら、サービスは容易に大規模化できるし、提供されるサービス品質はよりよいものになるであろう。そして、前述のように、再利用可能なデジタルコース教材のシンジケーションに向けたチャンスは拡大し続けていく。

ミネソタ大学の学生ウェブサイトでは、月間一千三百万ヒット以上のアクセスがあり、三百万ページの情報が閲覧されている。その数は急速に増加し続けている。明らかに、紙での提供や広報室での対面型での情報提供という古いやり方では、このような需要には対応できなかった。おそらく、学生はもっとタイムリーでよりよい情報をつかんでおり、大学生活における様々な選択をよりよく行うチャンスに恵まれている。大学にとってさらに厄介な問題は、遠隔教育マーケットにさらに積極的に参入し、一定のマーケットシェアを獲得することである。タイミングは、極めて重要であり、すでに民間事業者にマーケットシェアを奪われつつある。事業計画の作成に際しては、需要や投資対効果の程度などを見極める必要がある。オープンかつ非独占で拡張可能なインターネットプロトコルが、米国中西部高等教育コンソーシアムにより資金援助を受けている「分散学習ネットワーク」のような機関を通じて、整備される必要もあろう。その対象としては、例えば、オブジェクト指向オーサリングツールや、インターネットコミュニケーションプロトコル（電子メール、メッセージ管理）、およびインターネットコラボレーションプロトコル（チャット、アプリケーション共有）が挙げられる。

初めの頃は、高等教育は、ウェブベースの遠隔教育を「ディスラプティブ・テクノロジ[3]」(Christensen, 1997）とは見ていなかった。すなわち、現在のカスタマーは、ウェブベースの遠隔教育には価値を見い出していないし、社会人ナレッジワーカーのような遠隔教育の対象となるカスタマーが、大学が資金を投じて遠隔教育を立ち上げたとしても投資が回収できるほど、十分な数に達しているとは認識されていない。教員は、遠隔教育のための準備ができておらず、遠隔教育のための教材や教育に興味を示していない。また、遠隔教育を可能にするためのポリシーも整備されていない。大学のリーダーシップもなく、優先度が低い遠隔教育を支援する資金もなく、状況を打開するための支援計画もない。

インターネットには、数多くのチャンスがあふれており、その中でも、特に、大きなチャンスは、教育学の成果を取り入れた先端的なコンピュータベースの新しい教育素材や教授法のアドバンテージを生かす学習コミュニティの形成である。講義やコースワークが、ネットワーク上で統合され、アーカイブされる。電子書籍のような教材が、大学全体で利用され、他の大学からも持ち込まれて再利用される。そのような教材は、カスタマイズが簡単かつフレキシブルで、ネットワークを通じてライブで同期的に配信することもできるし、非同期にどこからでもいつでも配信することができる。

すでに、タイムワーナートレード出版社、アルフレッド・クノップ社、ランダムハウス社、サイモン・アンド・シュスター社は、マイクロソフト社の新しいリーダー・テキスト表示ソフトウェアを用いて電子書籍をリリースすることをアナウンスしている。タイムワーナー社は、アイパブリッシュ・ドットコムというＸｌｉｂｒｉｓ社と同じようなウェブサイトを通じて、原稿をオンラインで注文を受け付け、出版することに興味を示している。Ｘｌｉｂｒｉｓ社は、ＩＳＢＮ番号を取得し、アマゾン・ドットコムからカスタム印刷の注文が可能な教材を作成している。

現在のところ、我々の戦略は、主に、職業人大学のようなニッチマーケットに展開することである。

「シンジケーション」も、まだ根付いておらず、その用語自体、浸透していない。私見であるが、我々のやり方は、学習者中心のものというより、むしろ、まだ教員中心のものである。新自由主義経済における社会人学習者という新しい教育の対象は、フレキシブルなアクセスや情報のジャストインタイムな教育の配信を求めている。そのような人々は、教えられた内容・時間・方法以上のことを自分ができるようになることを望むだろう。教育素材の配信・開発コストが高いままである限り、マーケットの成長は遅くなる。当分の間、ここで述べたようなマーケットやその可能性に取り組むために必要な全体の事業計画あるいはシンジケーション戦略は明確ではない。しかしそれでも、生涯教育を提供することにより、ポータルを通じた同窓生との生涯にわたるリレーションは保つ必要がある。そうすることにより、既存のカスタマーとの関係の上に生じてくるものを最大限利用できるだろう。

最適な情報

過去においては、売り手が、買い手のニーズや要望、行動を把握するために膨大な量のカスタマーリサーチを行っていた。逆に、カスタマーは、商品やサービスの品質・価格および在庫に関する同様のリサーチを行うことはできなかった。カスタマーは、広告・ガイドブック・うわさに頼っていた。この状況は、ブラウザやインターネットを通じて完全に変わってきており、今では、買い手は、価格が決まるその瞬間において競うことができる。カスタマーは、マウスをクリックするだけで極めて多くの選択を行うことができる。また、質的データと量的データの双方をほとんど瞬時に比較することができ、その結果に基づいて意志決定を行うことができる(4)。

大学への影響は著しく、興味深いのは入試課の役割への影響である。これまで、入試課は、その大学が提供する教育研究に関する情報のゲートキーパーであった。今では、入試課は、形式上の機能しか果たしておらず、学生は、インターネットを利用して直接教員にアクセスしたり、学外の情報源にアクセスすることにより、自分が興味のある学部・学科の情報を得ている。これまで以上に、学生にとって魅力ある大学にするためには、入試課は、eビジネスを用いて、学生のニーズを理解し、サービスやり方を学生に合わせることが極めて重要である。学生やその父母の好みや優先度を十分に把握できるようにすることも必要である。民間企業が提供するオンラインサービスを利用して、複数の大学に学生が応募することができるようになるにつれて、入試課は、民間事業者との間の提携関係を模索する必要がある場合も同様である。つまり、入試課は、対象を明確に定めたオンラインでの学生募集活動の実施や、CRM・eビジネスを用いることにより、サイト利用状況や応募状況を解析する必要が出てくる。

同じような議論は、同窓会や大学広報についても当てはまる。大学には、自分の組織について、詳しい情報を知りたがる構成員が、他の多くの組織よりもたくさんいる。大学は、この要求に応える方法を見つけることが、今後ますます必要になってくる。

短期の話題

かつて、商行為は、製品のデザイン、生産手段、マーケティング、プランニングおよび販売員に依存していて、すべてが単一の組織体によってコーディネートされ、物理的に同じ場所で一体をなしていた。これは、eビジネスの場合には当てはまらない。商品を供給するための「サプライチェーン」は、デスクトップコンピュータを通じて素早く構築することができ、多くの商品のライフサイクルは短い。

大学での研究は、大学をまたがってかなり分散してきている。また、インターネット環境への適応も柔軟である。教育や社会貢献のミッションが、特に、遠隔で行われる際、さらに大きなチャレンジが必要になる。教育や社会貢献は、垂直に統合された業務のままであり、成功に近づくためには、水平統合の採用が必要になるであろう。コンテンツをパッケージ化し配布する力を持ったエンターテイメント企業が、大学やコンテンツを提供する教員との間で将来パートナーシップを結ぶことになるだろう。これは、カリキュラムを迅速に構築する意志や力を大学が整備することになることを仮定しており、特に、生涯教育分野において当てはまる。大学は、学生や学生の就職先といっしょになってカリキュラムを作り出す必要があるだろう。二十一世紀においては、これまで以上の多くの教員が、学習体験や学習プロセス、学習環境のデザインを主要な職務として担うようになる。ブラックボード社やeカレッジ社の台頭は、このトレンドの兆しである。

このような芽生えつつあるパートナーシップは、現在の教員と大学の間の契約的なパートナーシップを必然的に強調することになる。今のところ、コース教材を作成する教員が、その著作権を有している。外部ベンダ側に、これらを商品として販売するチャンスが生じてくるにつれて、特に、外部ベンダが、ショートコースやスキルトレーニングから、学生が単位認定を求めるような新入生向けのコースに参入するにつれて、大学は、学費収入が落ち込み、学生の学習活動のコントロールを失うだろう。ハーバード大学は、このマーケットに外部ベンダとともに参入した教員に対してすでに行動を起こしている。コースがウェブ環境においてさらに移植性が高まるにつれて、誰が大学のコースを所有しているかが重大な問題になる。

プロバイダやカスタマーによる商品やサービスの共同作成

共同作成（共同プロデュース）は、商品を生み出すために、カスタマーとプロデューサがともに作業を行う共同活動である。企業にとっては、どういう価値を付加するかをカスタマー目線で決められるかが課題である。民間事業者には、興味深い例がある。例えば、「買い手」分野では、デル社が、注文に応じた商品のカスタマイズにより、カスタマーニーズを満たしている。ソフトウェアを販売したりCD-ROMで郵送するかわりにダウンロードにより提供することで価値を付加する企業も次第に現れている。課題としては、カスタマーにとってリーズナブルなコストで商品やサービスを提供するための新しい方法を見つけることである。興味深い例としては、幹部職員・事務職員・学生が連携して構築した研究費管理システムやウェブベースの学生サービスシステムがある。教育の内容・設計・提供はさらに難しく、特に、社会人学習者を対象とした場合は厳しい。

どのように取り組むか、最初に影響を受けるのは誰か？

eビジネスの具体化は、段階的に進む。普通は、情報をオンラインで入手・提供するために、部門レベルでウェブを使い始める。例えば、ポリシーの説明や、手続き、オンラインカタログやシラバスが挙げられる。ミネソタ大学では、さらに、学内サービスとの統合により、eビジネスの利用は、基幹サービス分野に拡大してきている。その重要な例としては、購入・調達サービスである「フォーラム・ニルヴァーナ」やワンストップ型の学生サービスがある。

購入サービスの場合、紙ベースの手続きから電子ペーパーベースの手続きへと、そして、意志決定支援環境へと変わっていき、これにより、購入決定手続きの一部として、パフォーマンスを計画・評価するチャンスがもたらされる。オンラインの大学カタログを通じて、大学推奨のベンダやグッズが格安で一度にまとめて購入できたり、「購入ポリシー（承認アイテムに対するより柔軟な利用制限を含む）」「簡単化された会計手続き」「購入動向や在庫のモニタリング」が具体化される。

この結果、ビジネス戦略や業務プロセスに学外組織が統合されたサービスへと転換が進む。学外組織としてのパートナー業者は、サービスの提供者でもサービスの利用者でもあるが、大学の業務プロセスに次第に深く組み込まれていき、逆に大学も組み込まれていく。この実現のためには、これまで以上に大学の業務プロセスの一部分をオープンにし、透明性を高めることが必要になる。eビジネスにより、大学の業務プロセスの高速化や自動化が図られるとともに、得られた効率の良さを、その業務システムのさらなる改善や、カスタマーサービスの向上に展開することにより、よりいっそうの恩恵が得られる。我々が行っていることの多くを構造改革し、新たに創り直すことになる場合も出てくる。

このことは、大学における全学情報システムに対して重大な意味を持っている。段階的に進んだ結果、次のフェーズにおいて求められるものは、学内のカスタマーとパートナー業者をネットワークでつなぎ、情報がスムーズに流れるようにすることである。全学アプリケーション統合とは、接続されているすべてのアプリケーションやデータソースの間で、業務プロセスの共有を、サポートするデータ共有として定義される。最も簡単な場合、「統合」とは、あるアプリケーションからデータをファイルにエクスポートし、データ形式変換を行い、別のアプリケーションにインポートする機能を意味する。さらに技術的に進んでいる場合は、データを統合したいシステムから、そのデータを有するシステム内でアクションが起動できるようになる。学務や学資援助のような部門がそのような「参加」を認めることになれば、カスタマーである教員や、入試課、指導員などに対して、これまで以上にすばらしいサービスが提供されるようになる。

eビジネスの段階的な整備の他の例としては、ウェブページやポータルのデザインが挙げられる。ミネソタ大学の最初の頃のウェブページは、コンテンツまたは学内組織ごとにまとめられていた。デラウェア大学のカール・ジェイコブソンは、「だから、キャンパスの中で迷うのと同じように、マウスがさまようことになるんだ。よりよいやり方は、ポータルをカスタマーあるいはコンテキストでまとめることだ」と述べている。例えば、ミネソタ大学の学生・職員用ワンストップポータルも、段階的に整備された結果、はじめのころのデザインと比べると著しく改善された。履修登録しようとしている学生や、大学を訪問しようとしている父母のように、コンテキストでさらに絞り込むことができる。しかし、大学とのやりとりをそれぞれ個人に合わせてページをカスタマイズすることができればさらによい。ミネソタ大学では、これは、「ワン・ストップ」(Onestop.umn.edu) で具体化されている。このポータルは、実質的に、「個人にカスタマイズされた全学ウェブサイト」として機能しており、コンテンツを自由自在に追加・削除・修正ができるようになっている。[5]「ワン・ストップ」では、それぞれのユーザに、自分専用で自分の好みにあった「大学パースペクティブ」が与えられる。

ポータルは、大学コミュニティのすべての構成員により、「デスクトップ」として使われるようになると、業務のやり方を根本的に変えることになる。ポータルやeビジネスによってまず影響を受けることになる部門は、サービスの提供者と消費者の間にある「仲介人」として機能しているサービス部門である。これはチャンスにも、リスクにもなりうる事態でもある。特にこのような部門では、カスタマーが本当に望む価値を提供する方法を見定めるために、カスタマーとともにあらなければならない。また、かけているコストは、各業務ごとに細かく分解されなければならない。教務費用やブックストアのような中間サービスを提供している部門について、「どのように組織化されているか」「採用しているサービスパラダイムは何か」「どのように資金が調達されているか」「業務分担のあり方」「古き良きやり方をアウトソーシングする可能性」を再検討する必要がある。

ブックストアは具体的な事例を提供してくれる。ミネソタ大学のブックストアは、現在、コンピュータ販売から撤退している。オンライン販売やサービスの台頭により、ブックストアは、価格・カスタマイズ・在庫販売では、競争できなくなっており、次のターゲットは、新品・中古教科書の販売・配送である。すでに、教科書ベンダは、学生や教員に電子メールを送信し、学生にはより安い価格を、教員には紹介料を提示している。オークションサイトには、中古教科書の学生間販売所が出てきている。米国の出版社は、今、eブックの需要やその提供方法を評価している。ブックストアはこのような状況において、どのような価値を付加することができるのだろうか?

ブックストアがこれまで行ってきた書籍販売をeセールスとして行うことにより、価値の付加は見込める。迅速な配達も実現でき、これは、学生が教科書を試験の直前や、コースを落としたり新たに追加したりした後で、教科書を購入する傾向があるときは重要である。ブックストアは、中古教科書に関しても緩い交換ポリシーで対応することができる。しかし、他の大学サービスとパートナーを組み、業務プロセスに完全に統合されるのであれば、もっとすばらしい価値を付加することができる。例えば、オンライン履修登録の完了時に、学生は、授業に必要な教科書を注文でき、履修登録プロセスの一部として「ワン・ストップ」を通じて、学生が大学に開設している口座から注文できたり支払いができたりする。部門をまたがったこのようなリレーションを見つけ出し、ウェブベースの統合化された業務プロセスを構築することは、全学レベルでの成功の鍵となる。

eビジネスのサービスモデル

多くの場合、eビジネスは、サービス提供者中心のアプリケーションをウェブサイトを用いて提供している部門から開始される。そのサイトでは、カスタマーは、受講可能なコースを確認したり、教員や価格情報（学費や費用）を閲覧したりすることができる。ユーザ中心またはセルフサービスのアプリケーションこそが、組織やそのカスタマーにとって最も価値がある。例えば、典型的なeビジネスのウェブサイトでは、「アカウント情報の問い合わせや管理」「従業員手当管理」「収支報告」「請求書提示・決算」「学位審査」などがインタラクティブに提供される。カスタマーは、セキュリティが確保された状態で、自分のアカウント情報を表示したり、アカウントを管理したり、情報を解析したり、業務処理を始めたりすることが二十四時間三六五日できる。

実際に用いられている数多くのeビジネスモデルは、従来のビジネスモデルをeビジネスに適用するビジネス移植である。例えば、アマゾン・ドットコムは、運送会社によって配送される物品を販売する店舗としてウェブサイトを構築している。このような「企業・消費者間（B2C）[6]モデル」は、大学において外部販売事業者と関係のある数多くの部門で採用されるだろう。図書館の場合、書籍を送付したり古い書籍を更新したりするために、このアプローチを利用することができる。

売り手側のeビジネスにおいて、マーケティングと販売の両方を扱い、発注履行管理を行う場合もある。カタログ・個人設定・ショッピングカート・注文管理・支払いが、ここでの処理対象になる。大学の支援者たちは、このビジネスモデルを十中八九利用するだろう。また、発展途上のものとしては、買い手側の「企業間（B2B）[7]」アプリケーションがあって、購買管理を行うために組織により用いられる。

最近のB2Bアプリケーションにおける別の進展として、広告ベースのeビジネスがある。そこでは、広告出展企業の費用を用いて、無料サービスが運用されている。また、同窓会や部活動には、専門ポータルを無料で開発するeビジネス事業者がアプローチしてきている。両方とも、ポータル利用者がアクセスすることによって生み出される広告料や販売売上を分け合うレベニューシェア型である。購読ベースのウェブサイトは、大学でこれまでやられてきたやり方でもある。

非常に興味深いのは、インターネットによって可能になる新しいビジネスモデルである。特に、注目に値するのはオークションベースのeビジネスモデルで、「ヤンキー」「オランダ式」「逆オークション」など様々なタイプがある。「逆オークション」は大学にとって特に興味深い。オークションでは、「カスタマーから企業（C2B）[8]」モデルが用いられ、購入者は、アイテムに対して支払いたいと考えている価格を投稿することができるようになっており、オークションサイトでは、プライスライン・ドットコムのような売り手とのマッチングが行われる。中古教科書販売（「カスタマーからカスタマー（C2C）[9]」のｅビジネスモデル）は、詰まるところ、そのようなオークションサイトに関連づけられる場合もある。おそらく、ブックストアとの連携の下で、大学によって整備されるべきものであろう。関連サイトとして、デラウェア大学で行われている「売ります買います掲示板」を整備する場合もある。

　また、一貫性のあるリレーションを管理するためのソフトウェアも注目に値する。例えば、部門とクライアント間のやりとりすべてを支援する電子メール管理アプリケーションがあって、例えば、受信した電子メールを適切な送り先に転送することができる。また、「監査付き着信転送」機能では、回答を生成するために必要な一連のステップにより、受信メッセージを転送するためのワークフローが提供される。このようなソフトウェアでは、それぞれのメッセージに適切に応答し、回答例を提案可能な知識ベースあるいはルールベースのシステムが採用されている。「案件管理システム」では、以前のやりとりの続きの電子メールを受信したときに、そのやりとりの過去の履歴に関連づけることが可能になる。ＣＲＭをさらに強化する高性能のトラッキング・トレンド分析機能も同様に重要である。

　このように、豊富なデータを活用する機能により、大学にとって、このようなシステムは潜在的に強力なものになる。業務処理データに加え、「どのくらい頻繁に、どのくらい長く、誰がウェブサイトを訪問しているのか」や、「どのバナー広告をクリックしているか」の情報を収集することができる。これが支援する対象は、「ワン・トゥ・ワン・マーケティング」や、カスタマーの要望にさらに的確に応える業務である。しかしながら、ポリシーに非常に大きな影響を与えることになるので、その点については、この章の後半で議論する。

入試課、同窓会、広報、基金のような多くの部門が、このようなシステムを使用するようになる。学内にすでにあるものを何度も作る「車輪の再発明」を繰り返すよりもむしろ、ここでは、全学的な戦略がとても役立つだろう。

最後に述べたいのは、ジョン・ハーゲルによって作り出された用語である「インフォメディアリ（情報仲介業）」の出現で、おそらく最も興味深いものである。インフォメディアリは、マーケットに関する情報を売り、購入者・販売者が事業活動を行えるプラットフォームを作り出す。そうすることで、インフォメディアリは、提供者と自分のカスタマーとの間の仲介人としての価値を加える。ここでのポイントは、付加された価値に対価を支払うカスタマーの姿勢である。例えば、ケムデックス社を見てみると、複数のベンダカタログを一つの検索可能なウェブベースのデータベースにとりまとめる役割を担っている。購入者は、分単位で提供される最新価格で商品を選択することができ、一か所の連絡場所でサービスに関する商品情報を得ることができる。ケムデックスマーケット社は大学や製薬会社へ提供する薬品について調査している。値付けは、これまでよりはるかに競争的になっており、オークション価格やその日の商品価格でカスタマーは効率よく購入することができる（Kaplan and Sawhney, 2000）。

この整備により、ブックストアのような購買部門は著しい影響を受けるとともに、どのような購買行動がビジネスを成り立たせるかにも影響を与える。いずれにせよ、大学コミュニティが必要とする商品を対象とした新規に設立されたオークションマーケットを最大限活用するようにすべきである。学資支援室のようなインフォメディアリ的な業務は、カスタマーとの間で、構造化されていなかったやりとりを合理化しまとめることができれば、情報仲介者になることにより生き残る場合もある。例えば、カスタマー情報の取得や、個人ニーズ要件に関する詳細なプロフィールの整備に、もっと重きが置かれる場合もある。

教育における価値または供給プロセスの再構築

eビジネスは、すでに構築・リンクされている業務プロセスに、価値を追加する方法を見つけることを前提としている。同様に、教育におけるeビジネスでは、カリキュラム整備（プログラム開発）、コンテンツ整備（生成）、学習者への提供（配信）、学習者の獲得・試験・編入・認定という教育プロセスにおける価値を見出すことに焦点を当てることになる。

このような一連の業務は、分解可能な仮想的な「価値のつながり」を形成し、多様なチャネルを通じてアクセスしたり提供したりすることが可能な「スイッチャー」として機能する。

高等教育における別の価値のつながりとしては、マーケティング（入学希望者に情報を提供すること）・入試（学生に資格を与え選抜すること）・履修サービス（履修登録、請求書発行、学資補助）・教育研究サポート（指導やチューータリング）・学生サービス（クラス分け、カウンセリング、情報技術支援）・資格認定（成績、学位、認証、証明書）がある。ミネソタ大学は、この分野の取り組みを長年行っており、オンライン履修登録システムや指導ポートフォリオ、業務処理やプランニング、性能評価、マーケティング機能が整備されている「ワン・ストップ」ポータルを有している。

数百もの新しい企業が、価値のつながりの一つに各々が特化しながら登場することができ、また、そうなるにつれて、高等教育に与える影響は甚大なものになる。このような企業は、商品やサービスを教員に提供する場合もあるし、教員を飛び越え直接学生にアプローチしようとする場合もあるだろう。例えば、スマートシンキング社は、高等教育の中核的なコースについて、二十四時間いつでもリアルタイムでオンラインな教育サポートを対面で提供するインターネット会社である。

一方、インターネットや大学図書館の巨大なオンラインや印刷物リソースを通じた情報の洪水が原因で、学生は悲鳴をあげている。ミネソタ大学で開発された「リサーチ・クイックスタート」や「クイックスタディ」は両方ともウェブベースのツールで、学部学生が研究活動をさらに扱いやすく効率的に行えるように設計されている。

リサーチ・クイックスタート（http://research.lib.umn.edu）は、二百科目を超える動的なウェブページを生成するステップバイステップで利用可能なツールである。学生は、リサーチ・クイックスタートを使って、その学問分野の情報エキスパートである図書館員によって選択された科目リソース一覧にアクセスすることができる。クイックスタート科目ページには、オンライン購読データベースやウェブサイトがあり、印刷物一覧も同じように表示される場合もある。

クイックスタディ（http://tutorial.lib.umn.edu）は、ミネソタ大学図書館やウェブ上で、研究において求められる情報リテラシースキルを学生に教えるウェブベースのチュートリアルである。

提供者 ＼ 利用者	ビジネス	カスタマー
ビジネス	Z-Gopher フォーム・ニルヴァーナ 研究費管理	TechMart クイックスタディ クイックスタート ウェブ登録
カスタマー	ポートフォリオ マイ・ワンストップ	中古教科書交換 売ります買います （将来）

図5・1　eビジネスモデル

クイックスタディの八つのモジュールには、研究の戦略的な設計や、キーワード検索の実行、ウェブサイトの評価、情報源の引用を含む、多様な話題に関するレッスンが含まれている。クイックスタディ・レッスンには、また、勉強したことを実習するための演習やクイズもある。

「ポートフォリオ」は、著作物やこれまでの経験を集めたもので、指導者や雇用主など、学生がこれらの情報を共有したいと思う人との間で共有することをウェブサイトに組み込むことにより可能にする強力な「広報宣伝」ツールである。

トレンドと課題

教育の提供と研究活動

ポータルやeビジネスに関連する新しい情報技術は、大学におけるミッションがどのように遂行されるのかに重大な影響を与えることになるだろう。特に、次のようなことが想定される。

・情報技術により、さらに強力でフレキシブルな提供方法を用いて、これまでできなかったコースや教育プログラムのカスタマイズが可能になる。

・研究成果発表については、もっと多様なやり方で行われるようになり、これまでの論文執筆は重要な役割を果たさなくなるだろう。その一方で、研究結果や所蔵図書はますますアクセスしやすくなるだろう。知識労働者が、このような新しい環境においても自己の競争力を保ち続けるためには、その流れの中にいつづける必要がある。その結果、二十一世紀型の高等教育のパラダイムとして、生涯教育が有力になってくる。情報技術により、実効力のある学習関係を学生との間で構築し、生涯にわたって維持することの重要性がさらに強化される。知識社会においては、その人にあった継続的な学習が必要で、情報技術がそれをサポートする。

・インターネットは双方向的で、一方向的なテレビとは異なる。その結果、遠隔教育にとって、インターネットは非常に興味深いツールとなる。学生が情報を受け取るだけでなく、その活用も実践することができる。その結果、インターネットは、単なる双方向ビデオや双方向音声通信以上のものをもたらす。また、インターネットにより、ユーザ認証付きでセキュリティを保った形で宿題やテストの提出が行える。授業やコンテンツの再生に二十四時間三六五日アクセスができたり、プロジェクトに参加している他の学生と遠隔で協調することができるようになる。

サービスにおける課題

情報技術は、また、大学のサービスをどのように準備し提供するかや、その戦略にも影響を与えることになる。

- 大学のサービス部門は、今まで以上にカスタマーに焦点を当てた、継ぎ目のないものになる。新しい全学レベルの情報システムや組織は、学生・教員・職員に、高品質なサービスを数多く提供するとともに、統合されたデータに必要なときにアクセスできる環境を提供することにより、全学レベルでの人材戦略計画および意志決定を支援することになる。
- サービス部門は、カスタマーに知識やノウハウを提供する環境を構築することで、カスタマーが自分自身で問題を解決する支援を行うことになる。大学本部は、各部局の意志決定において組織的な干渉が最小になるようにする。
- サービスは、紙ベースではなく、むしろ職員が取り次ぐことなく、電子的に提供される。サービスは、いつでもどこからでもアクセスできるように次第になっていく。取り次ぎのような中間サービスは、学生・教員・職員にとって重要なものではなくなり、サービス提供者との直接のやりとりができるようになる。
- プランニングやパフォーマンス評価、マーケティングのような付加価値型の活動は、変革の主要な推進力として、業務プロセスにおける改善や効率化を達成するためのシステムやサービスの設計において、ますます重要な役割を果たすことになる。

リスク管理およびコンフリクト管理における課題

eビジネスを通じて、今後解決が求められる新しいポリシー課題が数多く提起される。中傷や名誉毀損がからむ分野では、デジタル環境においても適用できるように既存のポリシーを単に修正するだけになるかもしれない。著作権・特許・商標（知的財産）・プライバシーの侵害がからむ分野では、問題はさらに複雑である。これまでは考えられなかった方法で、大学が個人情報を取得し、その情報を組み合わせ、膨大に保存することができるようになることにより、プライバシーやセキュリティに関して、著しい問題が生じることになる。大学における様々なコミュニティに関して取得した情報を守るために、大学はどのような責任を持つことになるのだろうか？「家庭教育の権利とプライバシーに関する法律（FERPA）」[10]の下で、どのような責任が生じるのだろうか？ 教員や大学の知的財産は保護できているのだろうか？ デジタルデータや情報を取り扱う際、どういうポリシーや規制が必要になるのだろうか？ 取り組みの対象領域としては、次のものが挙げられる。

- パスワード等の本人であることを証明する情報やオンラインコースの単位認定に関する全学ポリシー
- セルフ認定（自身による）
- ユーザ認証プロセス（セキュリティ、電子署名、不正アクセス）
- データへのアクセス拡大やユーザの権利・責任の増大
- データ管理・運用におけるポリシーやソフトウェアライセンス情報の管理
- 不正確で無効な情報が外部から閲覧できる放置サイトの管理
- アクセス禁止またはサービス拒否（例えば、ナップスターの利用）および是認される利用方法やユーザの責任

- 著作権・特許・商標（知的財産）の侵害
- 大学リソースの商用利用や電子決済
- 広告
- 名誉毀損
- 法律問題・規制問題（税金・関税、規制商品、言論の自由、不正活動）
- 部門ごとの意志決定および説明責任
- 「障害を持つアメリカ人法」（ＡＤＡ）[11]への対応

大学には、「学生の学習能力向上」というコンセプトには一致しない面倒な認定要件が現在数多くある。すでに課せられている受講条件と同じくらいの数の認定条件を課してまで、コースの受講認定をする必要があるのだろうか？　ミネソタ大学で実施された調査では、コースの受講条件に関係なく、自分でコースを選択した学生の方が、受講条件に合致していた学生と比べて同じかそれ以上の成績をとることがわかっている。

データ管理　「データをどのように共有することになるのか？」「誰をどのデータにアクセスさせるべきなのか？」「どのような情報を誰が所有するかについて、どのような全学的な保管ポリシーが必要なのか？」「部門が『影のシステム』を開発し、全学データベースに統合させないとき、公式データとして扱えるのか？」このような状況は、正確性や完全性を保証するやり方での情報管理をとても難しくしてしまう。

ユーザ認証　ネットワーク環境において、大学は、特殊なデータにアクセスする人が本人であることを確認する手段を持つ必要がある。この問題は、特殊なデータにアクセスするための権限認証システムの構築に関係する。そのようなユーザ認証・権限認証システムの成否は、「誰がどのデータにアクセスできるか」を定めた情報ポリシーの策定がどれだけうまくできるかに依存している。

ユーザの権限・責任　ユーザの権限・責任に関するポリシーは、大学が所有するリソースの商用利用も考えて、策定する必要がある。また、リソース利用状況も把握する必要がある。ナップスターの使用にまつわる最近の話題[12]は、学生が大学のリソース利用について適切に理解する必要があることを実証している。ネットワーク情報環境において、ユーザには権利だけでなく責任もある。そして、学生が権利と責任に関してきちんと教育を受けていることを、大学は保証する必要がある。

アカデミックポリシー　大学において、品質の高いｅラーニングを推進できる統一基準を作成する必要がある。現在の教育は、多くの場合、厳格に実施されており、他の大学からの単位、特に、オンラインコースの単位を認める例はまだ少ない。大学は、ｅラーニング環境が整備されるにつれて、このようなポリシーを見直さなければならなくなる。このような課題や他の障害を解決する包括的なポリシーを、大学は整備する必要が出てくる。

広告と収入の分散化　広告や収入の分散化について、すでにポリシーを定めている大学もあるが、ネットワーク環境では、これまでよりも数多くの問題が生じる。例えば、ウェブサイトにおいて、広告の掲載が行われるようになってきており、これにより大学にとっては新しい収入を生み出すチャンスが増している。しかし、ウェブにおける広告の詳細について取り扱っている全学的なポリシーが定められていないために、部門レベルで独自にベンダとの契約を結ぶようになった結果、広告が野放しになっている。また、ネットワーク環境では、どのスポンサーや契約から収入を得るかという問題が生じるため、スポンサー制度についても全学で検討・管理する必要がある。例えば、ウェブ広告により、クリックスルー収入(13)が次第に増えてきており、新たな収入源として考えられるようになってきたが、その一方で、適切に管理する必要もある。このような広告にまつわる課題は、収入の分散化に関するポリシーの必要性を示している。

学費ポリシー　eラーニングが立ち上がり、さらに多くの遠隔参加者を得るようになるにつれて、オークションにより「マーケットが学費を決める」ことをできるようにするとともに、州外や海外の学生を受け入れるために、大学は学費ポリシーを見直す必要が出てくる（詳しくは、シャピロとバリアンの「情報経済学および価格の差別化」(Shapiro and Varian, 1999) を参照)。

組織的な課題

- 組織構造が機能にうまく適合しない。

- 新しいサービス環境をサポートするためのリソース管理を強化しつつ、フラットで階層構造が少ない組織構造にするとともに、様々な機能を担うようにしなければならない。

人材に関する課題

- 次の十年で、大学業務の遂行には、分析能力や、創造力、新しいテクノロジに詳しいことが次第に求められるようになる。
- 業務における柔軟性や多方面の才能を持つ人材に対応するためには、広い範囲の業務を取りまとめることが必要になる。
- 自動化・ペーパーレス業務処理・ワンストップセルフサービスにより、事務サービスにおける多くの責任がカスタマーにシフトし、カスタマー参加の割合も増える。これは、業務の必要性を変革し、結果として、組織内の業務分担をも変革することになる。
- 学生サービスや、人事、研究費管理の専門職員は、多方面の才能を持つジェネラリスト[14]になり、情報提供者や利用者が利用する情報環境において、ファシリテータやナビゲータの役割を果たすことになる。

第6章　大学業務における課題

　eビジネスにより影響を受ける事業（あるいは、ネット時代の会社）である必要は必ずしもない。しかし、eビジネスは、個人や大学に対して新しい道を創り出してきており、利便性・選択性・コストに関してこれまで以上に多くの選択肢をもたらしている。その結果、キャンパスを持つ従来型の大学であってもその影響を受けるようになってきている。ネット時代の会社が、新しいビジネスのやり方を示しているように、eビジネスの様々なパターンは、教育におけるeビジネスに対する期待を変えつつある。その範囲は、アクセス性から利便性・コスト競争力にわたる。eビジネスがもたらす「規模の経済」や「カスタマー体験の強化」に向けたチャンスは、同じような影響を教育においても及ぼすことになる。

　従来型の業務とは違ったところで、大学のコアに影響を及ぼす可能性があるeビジネスの原則があり、それを利用した数十のネット世代企業が、すでに教育分野に展開しつつある（表6・1参照）。

　この章では、従来型の高等教育機関に影響を及ぼす可能性があるeビジネスのトレンドについて探究する。

表6・1　教育分野におけるeビジネスベンダの例

業務分野	eビジネスベンダ
オンライン入試応募	エンバーク社、カレッジネット社、XAP社
オンライン学生サービス	キャンパスパイプライン社、ユースストリームズ社、マイバイト・ドットコム、ジャンザバー・ドットコム
オンライン調達	コマースワン社、アリバ社
オンライン同窓会・寄付・物品販売	ハリス出版社、アルムナイコネクション・ドットコム
オンラインコース配信	ブラックボード社、セントラ社、コンビーニ社、eカレッジ・ドットコム、WebCT社
オンラインコンテンツ配信	キャリバー社、Uネクスト・ドットコム、ペンサー社
学習ポータル	クリック2ラーン・ドットコム、ハングリーマインド社、ジフ・デイビス社、スマートプラネット・ドットコム、ブラックボード社

出展：Kidwell, Mattie and Sousa, 2000. 使用許諾済。

運営の効率化

高等教育におけるeビジネスアプリケーションの多くが、初めは、運営効率の改善を目的としている。教育機関は、学習者が無理なく教育を受けることができるようにするために、コストを低く保つように常に努力する必要があるので、運営効率が改善されるeビジネスは、極めて重要な道具になりうる。教育機関は、紙ベースの業務の削減や業務プロセスの再構築、比較購入のためのウェブの利用を通じて、運営効率の改善に資本を投下し始めている。

eビジネスにより、業務コストを一貫したやり方で削減することができる。時間と距離を考える必要がなくなり、我々がこれまで多かれ少なかれ変えることはできないと思ってきた多くのコストを、eビジネスにより削減することができる（Hartman, Sifonis and Kador, 2000）。高等教育においては、発注書・手書きで提出された書類・複数人による署名・強固な官僚機構のためのコストを負担しなければならないと思い込みがちである。我々は、eビジネスを通じて、このような思い込みに挑戦することになる。

e調達による紙の削減

いずれの組織においても、業務処理について少しでもコストがかからない方法に投資することにより、資金を蓄えることができる。概念的には、これは比較的単純である。例えば、書類や請求書を紙で受け取り、手で応募システムにデータを再入力する必要をなくすことにより、コストを削減することができる。従来の紙ベースの請求書では、郵送や処理に約九十セント（約九十円）かかる。一方、オンラインサービスでは、そのコストを請求書当たり三十セントから四十セント（約三十円から約四十円）削減することができる（PricewaterhouseCoopers, 1998）。

e調達とは、ペーパーレス調達を目的としたデジタルテクノロジを用いることである。その実現には、電子データ交換（EDI）(1)や、業務のデジタル処理、発注管理、在庫管理、さらにはオークションのようなオンラインでの動的な価格決定方法の利用が必要となる。e調達への移行は、調達時間の削減や処理の高速化、誤り率の削減が動機になる場合が多い。

これまでの請求書ベースの処理では、百五十ドル（約一万五千円）かかる。e調達では、そのコストは十ドル（約千円）から十五ドル（約千五百円）の範囲になる。さらなる効率化や価格のディスカウントにより、さらに十パーセントの節約が引き出せる場合もある（例えば、より安価な価格で商品やサービスを見つけるなど）。ハイヤーマーケット社やコモンファインド社は、教育機関向けのe調達システムを構築する企業である。彼らのシステムにより、大学はオンライン調達を行うことが可能になり、複数の機関にまたがる調達を集約することができる。

州政府の場合、オンライン調達により大きなメリットを見出しているケースがすでにある。例えば、昨年、ペンシルバニア州は、インターネットオークションを通じて一万五千五百トンの無煙炭を購入した。一千万ドル（約十億円）が支払われたが、予算よりも百万ドル（約一億円）安くなった。また、ペンシルバニア州はインターネットオークションを通じて、九十七万二千トンの道路用塩を三千万ドル（約三十億円）で購入、二百五十万ドル（約二億五千万円）節約した（Birnbaum, 2000）。

また、意見招請も、e調達により根本的にやり方が変わるかもしれない。例えば、国防自動入札業者サービス（DABS）[2]での事例が挙げられる。入札業務は、莫大な時間を要し、面倒な書類手続きが必要となる非効率なプロセスである。これを、インターネットを通じて効率的に行うために、オンラインでの意見招請プロセスに移行し始めている。DABSは、バルーク国防マーケティング社により試験運用されているが、意見招請プロセスの自動化を目的としたものとしては、政府では初めてである。インターネットを通じた動的な価格決定方法を用いることにより、政府は時間・予算・労働リソースを節約でき、それらを他に転用することができる（Open Site, 1999）。

サービス提供コストの削減

ウェブやeビジネスにより、大学はサービス提供コストを削減できるようになってきている。おそらく他の組織以上に、教育機関では、サービス提供コストがかかっており、削減が可能になっている理由は、部分的には、コストダウンが求められているからであるが、教育機関における多くが、サービスの提供に関係している（例えば、学生サービスや人事管理、図書館サービスなど）からでもある。

サービス（例えば、入試）では、紙ベースで応募が行われ、事務職員が処理することになる。ウェストバージニアウェスリアン大学（ＷＶＷＣ）では、応募手続きをすべて電子化するためにエンバーク社と提携した。そのシステム構築に、ＷＶＷＣは初年度に二万五千ドル（約二百五十万円）、その後毎年一万五千ドル（約百五十万円）かけることになる。ＷＶＷＣはまた、エンバーク社に応募当り十ドル（約千円）の手数料を支払い、応募者はＷＶＷＣに三十ドル（約三千円）支払うことにもなる。これにより、経費の節約が期待されている。

従来のやり方では、印刷コストだけでも三万ドル（約三百万円）を超えていた。また、合格した学生は、出願に関する最初の問い合わせから合格通知まで、三十四通もの手紙を受け取っていた。これらを、電子メールに変更することにより、郵便コストや運用コストを削減することができる。また、新しいシステムにより、データ入力のような雑用から事務職員を解放できることが期待される。

多くの民間事業（小売業や銀行業など）では、よりコストがかからない代替手段を用いて、カスタマーサービスが提供されている。例えば、物品販売では、直接営業費も含め、各々のサービスコストは次のようになっている（Greene, 2000）。

●直接営業費＝カスタマーコンタクト当たり二百五十ドルから四百ドル（約二万五千円から四万円）
●テレカバレッジ(3)＝カスタマーコンタクト当たり三十ドルから四十ドル（約三千円から四千円）
●遠隔マーケティング＝カスタマーコンタクト当たり三ドルから八ドル（約三百円から八百円）
●ダイレクトメール＝カスタマーコンタクト当たり一ドルから四ドル（約百円から四百円）
●ワールド・ワイド・ウェブ＝カスタマーコンタクト当たり〇・〇一ドルから〇・五〇ドル（約一円から五十円）

これらは、高等教育における業務プロセスとは必ずしも一致しないが、対面とオンラインでのコストの違いの程度が見て取れる。ここ数年、対面よりもむしろ、ウェブ上で提供されるサービスの事例が数多く見られる。ミネソタ大学でも、ウェブでのサービス提供は学生の期待によりマッチし、職員が注意を払う必要がある分野に人材を集中することができるようになった。

例えば、学生サービス部門が管理している業務数は非常に多い。数千人の学生が履修登録し、数百数千もの成績が報告・記録され、数百万ドル（数億円）もの学費が徴収されている。このような業務の多くは、定期的にかつ一定の場所で、人手や紙により行われている。

現在行われているすべての業務のうち、七十五パーセントから九十パーセントが人手により紙ベースで行われているが、これらの多くは、事務職員が間に入ることなく、電子的に行われるようにすべきである。さらに、このような業務は、不必要なやりとりが最小限になるよう、戦略的に結びつけられるべきである。例えば、コースの受講を取りやめると、自動的かつ同時に学資補助を調整し、学生の口座に受講料を返金することで、「受講を取りやめる」という学生の判断により生じる教育的・金銭的な帰結を学生に直ちに知らせるようにすべきである（Kvavik and Handberg, 1999）。

ミネソタ大学の学生ウェブサイトには、月当たり一千三百万ヒットを超えるアクセスがあり、三百万ページもの情報がダウンロードされている。この数は急速に伸び続けている。広報プラザでの紙や対面でのやりとりが必要になる古いやり方での情報提供は、明らかにニーズに合わなくなってきていた。おそらく、学生はもっとタイムリーで、もっとよい情報を受け取っており、自分の専門の選択をよりよく行うチャンスに恵まれている。クバヴィックが指摘しているように、学生にとってこのようなサービスの価値は増してきている。

オンラインサービスと対面サービスの比較を議論する際、二つのポイントがある。第一に、対面提供モードからウェブベースモードへと移行するために必要となる「基盤」を整備するための先行コストである。これに必要な業務は、安くないし簡単でもないが、実現することはできる。実際、ミネソタ大学、ディーキン大学（オーストラリア）、ウェストバージニアウェスリアン大学によい事例がある。

第二に、異なるモード（例えば、ウェブで）によりサービスを提供することにより、削減されるリソースを、教育・学習のようなより優先度の高い分野に再投入する機会を大学は得ることができる。しかしながら、この章では、ウェブを通じてすべてのサービス提供を行うことを推奨しているわけではないし、主要なものにしようというものでもない。

様々な議論において、「ウェブを通じたサービス提供は人間味がない」という指摘をよく聞くが、対面状況がたくさんあるより、ウェブベースのシステムがもたらすアクセシビリティやフレキシビリティの方を、ほとんどの学生は好んでいることがわかる（Robert Kvavik, personal communication, May 2000）。

インフォメディアリ（情報仲介業）

eビジネスでは、業務コストや調査コストを抑えることにより、サービス提供コストを削減することができる。これは、売り手や買い手、見込み客に関する情報を集約したり提供したりする際、頻繁に生じる。このような集約業は、一般的に「インフォメディアリ（情報仲介業）」と呼ばれる。インフォメディアリは、買い手と売り手の両方を相手にし、アドバイスやサービスなどのメリットを提供することにより価値を提供する。インフォメディアリは、見込み客のまとめ役や、買い手の擁護者のように振る舞うことになる。インフォメディアリは、ふつう自分自身は何も持っていないが、マーケットに関する情報を売ることにより、買い手や売り手がビジネスを行う場を創り出している。民間での例としては、オートバイテル・ドットコムがある。彼らの目標は売り手や買い手ができるだけ面倒がないように車を買ったり売ったりすることである。そのために、オートバイテル・ドットコムは、車の購入者に関する情報を集約し、その自動車販売パートナーの代わりに、販売処理に必要となる一連のサービスを合理化してまとめている。そして、マーケティングコストを削減する一方で、自動車販売パートナーがより多く車を販売できるようにする。一般的には、カー・ディーラーは販売した車一台当たり平均三百三十五ドル（約三万三千五百円）のマーケティングコストを支払う必要がある。

オートバイテル・ドットコム・ネットワークの会員になることにより、ディーラーのマーケティングコストは一台当たり平均八十六ドル（約八千六百円）安くなる。削減されるコストはカスタマーだけでなく、ディーラーにとっても魅力的である（Hartman, Sifonis and Kador, 2000）。

コンテントビリー社は、教育関係の情報仲介を行っている。サイトでは、書籍、学位論文、法律文書を販売し、リテラシー相談欄のような大学人が興味を持つ他の材料も提供している。また、イングラムブックグループとの合意により、印刷された書籍も販売する予定である。そのサイトでは、学術雑誌や雑誌、学術研究、トランスクリプト、歴史的文書を前面に押し出している。コンテントビリー社は、ＥＢＳＣＯや、雑誌や定期購読学術雑誌のプリメディア社、学位論文のベル＆ハウェル社、稀少書籍のリブリス社を含む、様々なコンテンツプロバイダとの間で関係がある。また、電子書籍も販売している。コンテントビリー社は、他の製品のマーケティング・販売により収益を上げる予定である。そのマーケティングサービスの一環として、サイトでは、編集委員からの推薦を特色としている。サイトではまた、読者へのアドバイスも提供している（Blumenstyk, 2000）。

「ネットワークによりこれまでの機能の中抜きが行われる」と一般には語られているが、情報仲介のパターンはその逆で、「情報やサービスの集約」が行われている。ｅビジネス進化過程の現時点においては、インフォメディアリは、ネットワーク型経済においてその価値を最大化しており、近い将来もそうあり続けるだろう。情報仲介モデルは、新しい富を生み出す信頼のおける源泉であることはすでに証明されている。インフォメディアリとしては、ヤフー！のようなポータルから、ネット上で独自マーケットを作り出しているＩＴベンチャー企業まで様々なものがある（Hartman, Sifonis and

Kador, 2000)。

ハンガリーマインドユニバーシティ・ドットコムは、オンライン学習ポータルを運営しており、学術機関や企業トレーニングプロバイダからのコースウェアを収集している。彼らは、一万七千のオンライン学習体験に関する宣伝を現在行っている。鍵となる学術パートナーには、UCバークレー校、UCロサンゼルス校エクステンション、メリーランド大学、ニューヨーク大学、フェニックス大学がある。

マインドエッジ・ドットコムは、大規模で検索可能なオンラインデータベースを作成している。彼らは、履修、学費請求、マーケティングのようなサービスを含めるために、提供範囲の拡大を試みている（Carr and Blumenstyk, 2000）。

一方、スマートフォース社は、教育マーケットよりむしろ、トレーニング分野に焦点を当てている。彼らは、統合学習環境を提供し、キャリアプランニングからインターネット配信コース、教員指導ワークショップ、メンタリングまですべてを対象にしている。彼らのクライアントには、ユニシス社、シスコ社、コンパック社、米国軍隊、米国郵便省、米国国税庁などの企業や政府機関がある。

ヘッドライト・ドットコムは、コンピュータやインターネット向けに設計された最新のトレーニングをまとめたものである。彼らは、学習者のプロファイルを授業コンテンツの学習目標にマッチさせることにより、個々の学習者の能力に合わせてコースを調整したうえで提供している。学習者は、さらなる学習が必要な領域に集中することができる。彼らのキー・コンテンツパートナーは、デジタルシンク社、スキルソフト社、エレメントK社である。

現時点で、インフォメディアリの多くは、コースよりむしろ、商品やサービスに焦点を合わせている。例えば、イーディーユー・ドットコムは、学生のeコマースマーケットにおいて激しい競争を行っている様々な企業の中の一つである。このような企業は、大幅にディスカウントされたブランド製品を大学生に提供している。イーディーユー・ドットコムは、コンピュータやソフトウェア、銀行サービス、電話・インターネットサービス、教科書、クレジットカード、電気製品を販売している(Virtual University News, 2000c)。カレッジクラブ社は、様々な教育研究サービスやレクレーションサービスを学生に売り込むウェブサイトである。十八歳から二十四歳という若い世代を相手にした商売を行うために、カレッジクラブ社は、広告や、ショッピング、さらには「得点ポイント」を駆使している(登録ユーザには均一料金でクレジット決済可能等)(Looney, 2000)。ファイナルエグザム・ドットコムは、サーベイ型コースにおいてオンライン学習ガイドを学生に提供している。ピンクモンキー・ドットコムは、研究サマリーや、学術リソースへのリンクや索引を提供するとともに、SAT準備や大学選び支援も提供している。

価格の比較

個人であろうが組織であろうが、インターネットを使えば、価格の比較がとても簡単にできる。例えば、従来型の店頭販売ストアでCDを購入しようとする場合、一時間で三軒ぐらい訪問することができるだろう。しかし、オンラインでは、「買い物エージェントソフトウェア」を用いれば、一時間で約五十の販売業者を訪問することができ、同じ時間で五百店の販売業者一覧を取得することもできる。高額商品であっても、このようなマーケットの透明化の動きからは逃れられない。一九九八年、米国における自動車購入者の四分の一はインターネットを用いていた。二〇〇〇年には、米国自動車購入者のほぼ五十パーセントが、購入前の調査のためにインターネットを用いていた。米国では、実際、製品調査は、すでに一般的なオンライン活動の第三位になっている（IBM, 1999）。

検索コストは、ウェブにアクセスする個人にとっては実質的にゼロである。ある種の日用品や標準的な商品については、買い手は、マーケットにおける商品の実体について前もって完全な情報（普遍的なものではないが）に近いものを入手できる。また、たいていの場合、教科書や薬品、事務用品の購入先を現在利用している販売業者から別のところに変えるとしても、買い手はほとんどコストがからない。このような「無視できる検索コスト」「完全な情報」「切り替えコストの低さ」は、ウェブがなかったころにはまったく実現できなかったが、今では、ほとんど当たり前になっている（Rappa, 2000c）

潜在的な比較は、価格にとどまらない。これまで、商品やサービスの品質や価格、在庫を調べることは、個人にとって難しく、広告や、限られた数の消費者ガイドブック、口コミに依存していた。これらが、インターネット上で閲覧できるようになったことにより、買い手が、商品やサービスの価格を自分自身で設定できるように、全体として変化してきた。購入を決める際に、商品の品質や販売状況の両方を、個人レベルですぐに比較することができる。

マーケットにアクセスしたり、最安値を見つけることができるテクノロジは、インテリジェント・エージェントの一種で、「ショッピング・ボット」と呼ばれている。ショッピング・ボットは、自動あるいは半自動で実行され、ユーザからの指令を継続的に実行するソフトウェアプログラムである。エージェントは、ユーザに合わせてパーソナライズすることができ、ユーザの好みを事前にプログラムできたり、使用とともに学習させることができる。すでに、数十のショッピング・ボットが利用可能になっており、開発中のものもたくさんある。まだはっきりとはしていないが、「販売ボット」が一般的になるにつれて、売り手が買い手の動向や競争相手の動向を知ることができるようになるということも、念頭に置いておいた方がよい（Rappa, 2000d）。

価格比較による購買活動が、教育にとってもよいケースは数多くあり、例えば、ウェブ上で一番安い教科書（中古を含む）を探すことができれば、多額の節約につながる。大学にとっては、ＩＴ関係備品・事務用品・薬品補充・公共料金のような多くの商品やサービスについて価格比較することにより、全体としてコストを削減することができる。

学生は、各大学の特徴や学費を比較するために、インターネットをすでに活用している。一万人の米国高校生を対象とした最近の調査では、受験生にとって大学のウェブサイトが三番目に重要な情報源であることが明らかになった（Washington Post, Mar. 28, 2000）。

米国教育省の国立教育統計センターは、学生や父母が、数千の大学に関するデータを細かく調べられるウェブサイトを公表しており、進学する大学を選ぶ際、かかる費用を比較することができる。ＩＰＥＤＳ大学機会オンライン「ＣＯＯＬ」[4]には、学費・書籍・福利施設・住居などの費用について、数千の公立・私立の二年制・四年制大学や専門学校の情報がある。統計情報として、授与学位・在籍数・在学生比率・学資支援が利用できる（Carnevale, 2000）。

より規模の小さい比較も同じように可能である。オハイオ・ラーニング・ネットワークは、公立で独立系の大学コンソーシアムである。最近では、州全体向けに遠隔教育コースカタログ「オハイオ・ラーンズ！」を立ち上げ、入学希望の学生が五百以上のコースを比較できるようになっている。コースには、詳細情報・履修登録・教科書注文へのリンクもある。入学希望の学生はまた、質問に回答したり、適切なコースや学位プログラムを紹介したり、人間的なふれあいのある「ハイタッチ」なサポートを提供することができる遠隔学習専門家に、オハイオ州の各地にあるホスト大学においてアクセスすることができる（Virtual University News, 2000b）。

収入戦略

e値付けモデル

高等教育機関では、これまで、寄宿制大学であろうが社会人教育部門であろうが、決まった額の受講料で教育が提供されてきた（多くの大学では、授業料の割引制度が用意されているが、ベースラインとして、受講料の標準額がある）。学習者は、履修時間のようなある基準に基づいた料金に従って受講料の支払いを行う。eビジネスにおける様々な試みに刺激されて、このような固定受講料モデルは変わる可能性がある。例えば、米国の大学では、受講料や奨学金のオークションがインターネット上ですでに見られるようになってきている。

いずれの新しいビジネスモデルにおいても、教育事業のどの部分でどういったものを選ぶべきかに

表6・2　eビジネスによる収入の可能性

価格決定モデル	説明
変動価格	価格を決定するためにオークションを利用
広告	ウェブサイト上の広告スペースを販売
シート課金	ユーザ単位でコンテンツあるいはソフトウェアのライセンスを供与（例えば、全コースウェアライブラリのライセンスなど）
定額課金	定期な定額払いでｅラーニングサービスを販売
従量課金	ｅラーニング製品およびサービスを必要に応じて販売（例えば、特定コースの購入など）
直接販売/データ収集	顧客リストや市場データを販売

出典：Peterson, Marostica and Callahan, 1999.

ついては、不確定なところが多い。ｅラーニング新規事業（および教育機関の一部）では、現在、様々なモデルが用いられている。考えられる収入例を表6・2に示す。

シート課金・定額課金・従量課金のようなモデルは、ソフトウェアや図書館系のリソースにおいて事例があり、なじみがあるが、高等教育に適用するためには、より大きな概念的な課題がある。

オークション

ｅビジネスの価格決定モデルとしてはオークションが有名である。最近のｅコマースのほぼ半分は、決まった価格で商品を購入するよりむしろ、動的な価格の決定に基づいており、「オープン・クライ・オークション」「オランダ式オークション」「逆オークション」のように、様々なタイプのオークションが用いられている。

オープン・クライ・オークションあるいは「英国式オークション」とも呼ばれるオークションでは、買い手は、前もって指定された時間・場所に、物理的あるいは仮想的に集まる。それぞれの買い手は、競争相手の買い手が付けた値を聞くか見ることができる。物理世界でのオークションでは、値付けを数秒で行わなければならない。仮想世界のサイバーオークションでは、値付けが数分から数時間で無効になる（Kumar and Feldman, 2000）。

オランダ式オークションでは、競売人は非常に高い競売価格で始める。入札では、買い手が値を付けるまで価格を次第に下げていき、値を付ける際には商品数も合わせて指定する。競売人は、予定数がある間、値を低くし続けることができる（Kumar and Feldman, 2000）。

「自分で価格付けオークション」とも呼ばれる逆オークションでは、買い手が、商品やサービスに対して購入希望価格を入札する。ブローカーの手取りは、売り手の価格と買い手の価格の差となり、多くの場合、手数料も徴収される（Rappa, 2000b）。

逆オークションは、教育機関にとって特に興味深いものだ。ここでは、C2B[(5)]（カスタマーから企業）モデルが用いられ、商品の買い手に支払いたい価格を提示することが認められている。例えば、プライスライン・ドットコムが有名である。中古教科書販売（C2C型[(6)]のeビジネスモデル）は、究極的には、そのようなオークションサイトに収斂するかもしれない。関連するサイトとしては、デラウェア大学で利用されている「売ります買います掲示板」が挙げられる。

大学が継続的なコスト削減に向けて努力するにつれて、商品やサービスの調達にオークションを用いることにより、経費を抑えられる場合もある。ノースキャロライナ州では、現在、余剰資産（余っている自動車・什器など）を、オークションを通じて販売する実験を行っている（Rick Webb, personal communication, June 2000）。大学の多くが、余剰資産を定期的に販売している。オンラインオークションは、州政府と同じように大学でも機能するかもしれない。

動的な価格付けは州政府でも用いられており、例えば、ペンシルバニア州が採用している。フリーマーケット・ドットコムは、オンラインオークションを実施する会社で、売り手が買い手の事業と張り合えるようにする。ペンシルバニア州との事業として、フリーマーケット・ドットコムは、九つのオンラインオークションを通じて九千八百万ドル（約九十八億円）の調達を一千万ドル（約十億円）に抑えた。オークションにかけられた商品は、建物から電話、自動車のナンバープレートにも及んだ。

インターネット上に供給されている過剰なコースをオークションにかけることに興味を持っている大学もある。例えば、ジョージタウン大学は、ウェブ版マルチメディア集中認定コースを三席オークションにかけるとアナウンスした。十五週の受講料は、通常一万ドル（約百万円）のところを、落札希望価格はそれよりも低かった（Virtual University News, 2000a）。

広告

まだ賛否両論があるが、おそらく一時的な収入戦略としては広告がある。eラーニング基盤やオンラインコース整備のための資金調達は、重要な課題である。教育機関の多くや政府機関には、ウェブホスティングやウェブ配信のための費用を捻出するための妥協策として広告掲載を認めているところもある。

高等教育において、このトレンドの実例はすでにある。米国の多くの大学では、キャンパス・パイプライン社のような企業との間で協定を結びつつあり、企業側の初期の主な収入源は広告掲載であった。広告掲載の見返りとして、大学のウェブサイト構築やホスティングサービスが無料で提供される。しかし、キャンパス・パイプライン社の広告収入への依存は次第に小さくなってきている。

ウェブサイトでの広告の後に来る、インターネットマーケティングの次の波は、「教育コマース」というオンラインコースの提供を広告コンテンツと組み合わせる概念かもしれない。パワード社（前ノット・ハーバード・ドットコム社）やラーン2・ドットコム、スマート・プラネット社、ハングリー・マインド社など、教育コマースに特化している会社はすでに何社かある。教育コマースは、広告の量や種類に配慮すれば、成長する可能性があると考えられている。例えば、スマート・プラネット社は、紹介ページへの広告掲載を認めているが、コースページ内では禁止している（Oblinger, 2001）。

教育コマースのコースがオンライン教育マーケットを席捲するようになることはありそうもないことだが、多くの大学が、無料でコースを提供する新規参入者との競争に直面している。このような組織は、収入を増やし、新しい学習者を獲得するために、広告収入を当てにしている（Guernsey, 2000）。

その他のビジネスモデル

教育分野では一般的ではないものの、商業分野で採用されている他のビジネスモデルもあるが、教育分野での新しいベンチャー企業の数が増えるにつれて、同様のモデルを採用するところも出てくる可能性もある。「専門ポータル（または、垂直型ポータル）」は、明確に定義された参加者をユーザとして引き付けるサイトである。対象者が同質であればユーザ数はそれほど重要ではない。例えば、ゴルファーあるいは住宅購入者、養子縁組希望者だけを対象としたサイトでは、養子縁組希望者にアクセスできるので、プレミアム手数料を支払ってもよいと考える広告主にとって、とても魅力のある場となる。予想では、専門ポータルは、近い将来、様々なところで見られるようになると言われている（Rappa, 2000b）。また、同じ学校を卒業した同窓の先輩のような、高等教育におけるある特定の聴衆をターゲットとしたポータルが今後数多く増えると思われる。また、「ペイ・アテンション」モデルというものもある。この場合、閲覧者がコンテンツを表示したりフォームに入力したりすると、サイトは閲覧者に懸賞金またはマイレージポイントを用いて、謝礼を出す。このアテンション・マーケティング手法は、とても複雑な製品メッセージを持っている会社に最もアピール力がある。このアプローチのパイオニアは、サイバーゴールド社で、謝礼のやりとりを容易にするために、少額決済システムを開発し特許化した（Rappa, 2000b）。

ディスカウント販売業者は、原価あるいはそれ以下の価格で製品を販売する。彼らは、広告を通じて収入を得ようとしている。バイ・ドットコムがその例である（Rappa, 2000b）。

「推薦システム」は、製品やサービスの品質や、購入時の販売業者の対応の良し悪しについて、ユーザが互いに情報を交換できるようにするサイトである（Rappa, 2000b）。「アフィリエイト」モデルでは、ネットサーフィン中のあらゆる時点で購入する機会を提供することができる。これは、できるだけ多くのトラフィックを自分のサイトへ導くことを目指しているポータルサイトとは対照的である。アフィリエイトは、アフィリエイト関係にあるパートナーサイトに報奨金を提供することにより運営されている。アフィリエイトは、販売業者へのクリックスルーを通じて購入の機会を提供する。これは従量課金モデルで、アフィリエイトには売上は立たず、販売業者にコストが発生しないことを意味する（Rappa, 2000b）。

おわりに

ｅビジネスにより、書類の削減、サービス提供コストの削減、価格比較のための様々な機会が高等教育にもたらされる。大学は、教育にかかるコストをできるだけ抑えるためにｅビジネスを採用し始めている。ｅビジネスにより、大学はコストを抑えることができるだけでなく、大学進学前から卒業後まで、また、教育研究から事務業務までの様々な分野においてインフォメディアリ（情報仲介業）を通じて新しい機会を切り拓いている。ｅビジネスが我々に様々な機会を提示する一方で、オークションや広告、大学版ｅコマースは、これまでのやり方とともに合理的に行えるかどうか、我々の力を試そうともしている。

第7章　ボストン大学におけるポータル

大学ポータルとは「宝石が散りばめられた王冠」のようなものである。その理由は本章の最後に述べるが、ここでは、まず、大学における資産とは何かについて考えるところから始める。

大学における優良資産とは、通常、次の二つである。

- ブランド

（例）「ボストン大学」というブランド

- 構成員

（例）学生、教職員、父母、卒業生など

これらの資産をいかに守り続けられるかは大学にとって極めて重要な問題である。この認識から、ボストン大学では、「大学ポータルの所有権や管理運営を外部団体に委ねない」という合意が早い段階に形成された。また、「大学ポータルを金儲けの手段にはさせない」という我々の意志も、その背景にはある。しかしながら、もっと重要な理由は、大学のウェブサイトを「誰が閲覧しているのか?」を意識したデザインへと質的に転換するためには、大学ポータルが戦略および技術的な枠組みの双方において最も重要なものになると判断したからである。

大学ポータルには興味深い点が多い。例えば、ユーザ一人ひとりに対応した「大学の入り口」を用意できる。これにより、大学の様々な情報・アプリケーションにアクセスするためのパーソナライズされたウェブインタフェースを、すべての構成員に安全でしかも一貫した方法で提供することができる。また、これまで大学が行っていなかった新しいサービスを提供する際、PCだけでなく携帯電話やPDAなどの様々なアクセス手段を用いることがポータルにより可能になる。これにより、いつでもどこからでも統合された方法で適切な情報にアクセスすることが簡単にできるようになる。

ボストン大学はこの分野のパイオニアとして、個々の構成員の個人情報にアクセスできたり、セキュリティが高いセルフサービス型の事務手続きができる仕組みを積極的に導入し、ユーザに提供してきた。ウェブに代表されるインターネットに関する新しい技術を取り入れるときには、これまでと同様にセルフサービスに焦点を当て続けるだろうが、すべてがウェブ上で可能となる「フルサービス」という軸も新たに追加されることになると考えている。大学ポータルの構築にあたっては、柔軟性や拡張性に優れたアーキテクチャを導入することにより、持続的な進化や、新しい機能の容易な追加が可能になる。特に、eビジネスやeラーニングはもちろんのこと、学内の業務をアプリケーションごとにアウトソーシングすることも可能になる。しかしながら、このような要件を満たすためには、すべてのユーザ、すべてのアプリケーションに対するサービスを一貫した方法で統合し橋渡しするミドルウェア基盤を用いて、ポータルを構築する必要がある（図7・1参照）。

大学ポータルの導入は、サービスを利用するユーザにとって「ブラウザ」が重要であるのと同じよ

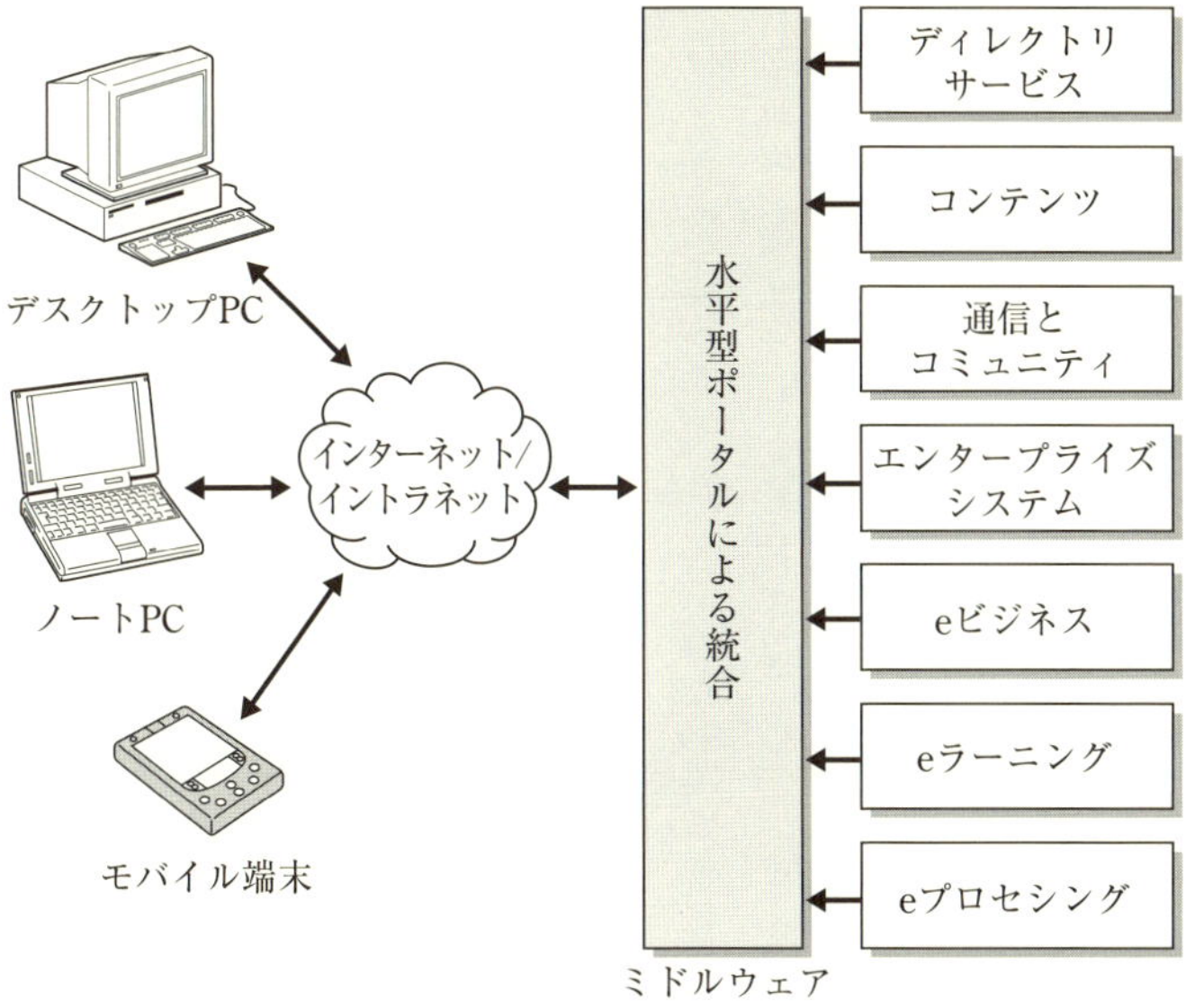

図7・1　大学ポータル

うに、サービスを提供する大学にとってはウェブアプリケーションを構築する際の「フレームワーク」が重要になる。クライアント・サーバモデルにおいて、クライアント側の共通化を図るのが「ブラウザ」であり、サーバ側の共通化を図るのが「フレームワーク」である。フレームワークは、誰でも自由に使用できる公開されたアーキテクチャに基づいたもので、「標準インタフェース」としてすべてのアプリケーションで利用可能なものである。ウェブブラウザが無料ですべてのデスクトップ上で利用できるのと同じように、ポータルはすべての構成員が無料で利用できなければならない。つまり、利用者がポータルを利用するうえで、お金を支払わないと使えないというものであってはならない。すべての大学構成員に対して、共通のポータルフレームワークを介して、利用場所やアプリケーションの操作環境に関わらず、適切なアプリケーションにシームレスにアクセスできるようにすべきである。

すべての大学サービスへのアクセスを可能にするウェブに代表されるインターネット技術の出現により、大学イメージ、組織構造、ビジネスモデルや教育モデル、ＩＴ組織など、すべてを見直さざるを得なくなっている。大学において指導的立場にあるとともにＩＴの専門家でもある我々は、まず立ち止まってよく考えることが求められており、その際には未来を見据えた全学的な視点で考える必要がある。さらに、大学運営のすべてのレベルで人材を育成する必要がある。大学ポータルは大学改革の中心に据えることになるが、全学的な「青写真」を伴った大学ウェブアーキテクチャおよびその戦略を持たない限り、ポータル戦略を持つことはできない。

一九九九年、カスタマーサービスの構築を目指すとともに、オープンアーキテクチャ[1]に関して共通のビジョンを持っている約二十の大学関係者が参加し、Ｊａｓｉｇ[2]が初めて開催された。そして、それぞれの大学イメージを堅持することや、ポータルの可能性を探求することの必要性が確認された。これ以降、Ｕポータル[3]と呼ばれる「ポータル標準フレームワーク[4]」の作成を目指し、ボランティアベースで、互いに協力し合いながら活発な活動が行われている。

本章では、大学ウェブアーキテクチャにおけるポータル標準フレームワークの戦略的な役割に焦点を当てるとともに、関連する大学運営や大学イメージに関する課題について述べる。

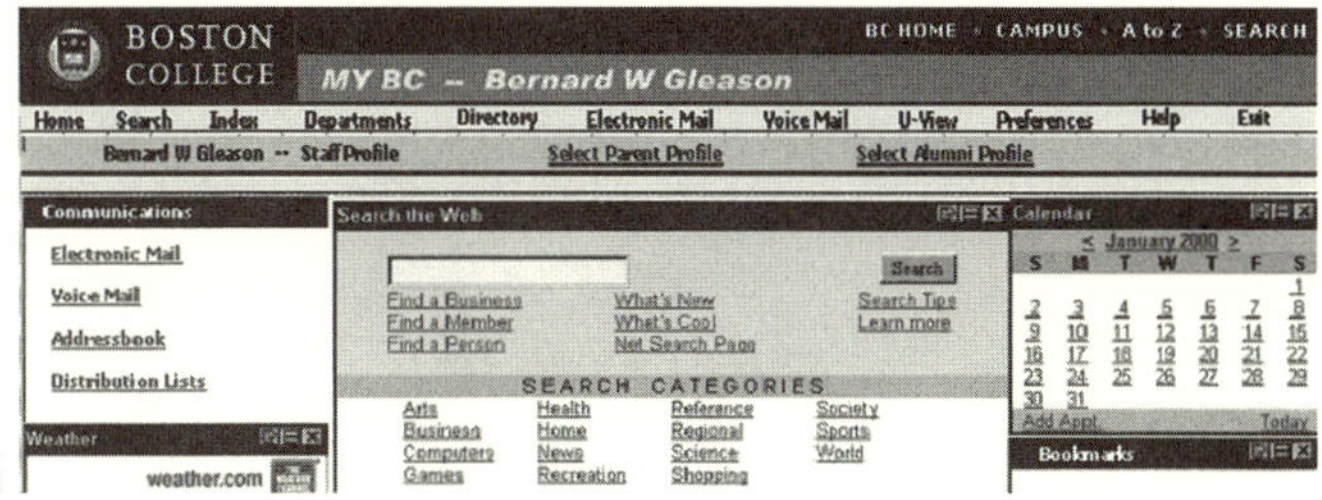

図7・2　大学ポータルのモックアップ

大学ポータルとは何か?

ビジネス界における情報ポータルは「企業情報ポータル」と呼ばれており、全く異なる種類の情報源を集約したヤフー!がよく知られている。アカデミックな世界では、「企業」を「大学」という言葉で置き換えることによって企業的なイメージを取り払っている。大学ポータルは、すべての構成員に対して直感的でパーソナライズされた唯一の入り口を提供するアプリケーションであり、様々なシステムに保存されている大学特有の情報やサービスを統合しアクセスできるようにするために用いられる。

また、大学のウェブサイト[5]は、何千ものページや学部のウェブサイトを収集したものとして位置づけられる一方で、ポータルは多くのアプリケーションの集合体でもあり、個々のアプリケーションはチャネル[6]として扱われる。ポータルは、独自のデザインやナビゲーションをもち、様々なアプリケーションへの共通の入り口を提供する。図7・2では、カスタマイズされパーソナライズされたアプリケーションをチャネルとしてボックスやラベルを用いて表しており、ポータル内で実行されることになる。

図で示されているモックアップ[7]では、「重要な情報やサービスがパーソナライズされ相互に関連づけられた形で提供される」というポータルのコンセプトがわかりやすく表現されている。この図は、単なる「絵」でしかないので、レイアウトや色遣い、ナビゲーション構造やコンテンツは重要ではない。

当初、大学ポータルは、学生など特定のユーザのみをターゲットとし、ニュースや天気などの情報提供サービスや、電子メールなどのコミュニケーション、チャットなどのオンラインコミュニティなどが一般に利用できるだけであった。しかし、ここ数年[8]でさらに一歩進み、フォーム処理機能や事務システム（例えば、学生マスタや人事マスタレコードなど）やカレンダーなどの個人的な情報リソースへのセキュアなアクセスサービスの提供も始まっている。今日、大学は様々な拡充したサービスをまとまった形で提供することが求められており、現在のホームページでは不足している部分にポータルがどう対応できるのかを見極める必要がある。つまり、「カスタマー中心」ポータルと、組織の「階層構造[9]」を中心に据えているホームページという二つの相反する設計上のアーキテクチャをどうまとめ上げるか、きちんと考える必要が出てきている。

セキュアなサービス統合の実現においてポータルに求められるものは、Ｂ２Ｃ型[10]の電子商取引アプリケーションの概念と同じであり、アプリケーションが利用される場所に関わらず、シングルサインオン[11]や、すべてのアプリケーションへの横断的認証と権限認証、および、電子メールのようなすべてのコミュニケーション機能のシームレスな統合が求められる。大学においては、Ｂ２Ｃは「Business-to-Constituent」すなわち「大学から構成員へ」と考えることもできる。さらに進むと、我々のカスタマー、すなわち、構成員すべてが、パーソナライズされ統合された形式で、ウェブを通してすべての情報サービスにアクセス可能になることが期待されている。すでに方向は定まっており、あとは正しい道をいかに歩むかが重要である。

大学ウェブ戦略

大学ポータルは、大学ウェブ戦略の中核であり、情報を取りまとめたり構造化する際、これまでとは違ったやり方を個々の構成員に提供できる。ポータルは問題解決のための特効薬ではなく、これまでの大学のウェブデザインの補完的な構成要素で、何かに追加するようなものや何かに取って代わるようなものとしてでなく、なくてはならない基本的な構成要素として捉える必要がある。ポータルは、大学のサービス提供に関する考え方の変化を具現化しており、カスタマー中心（ポータル中心）のデザインへの大幅なシフトである。ポータルを中心とした構造では、ユーザが中心となる。コンテンツとサービスは構造化され、すべての構成員が主要な入り口としてポータルを利用するようになる。図7・3に示すように、大学のウェブアーキテクチャには主に三つのビューがある。

公開ウェブサイト

大学のウェブサイトでは、トップページあるいは大学のホームページが、訪問者や一般の人々のための最初の入り口となる。トップページは、階層的にまとめられたウェブページの最上部に位置し、

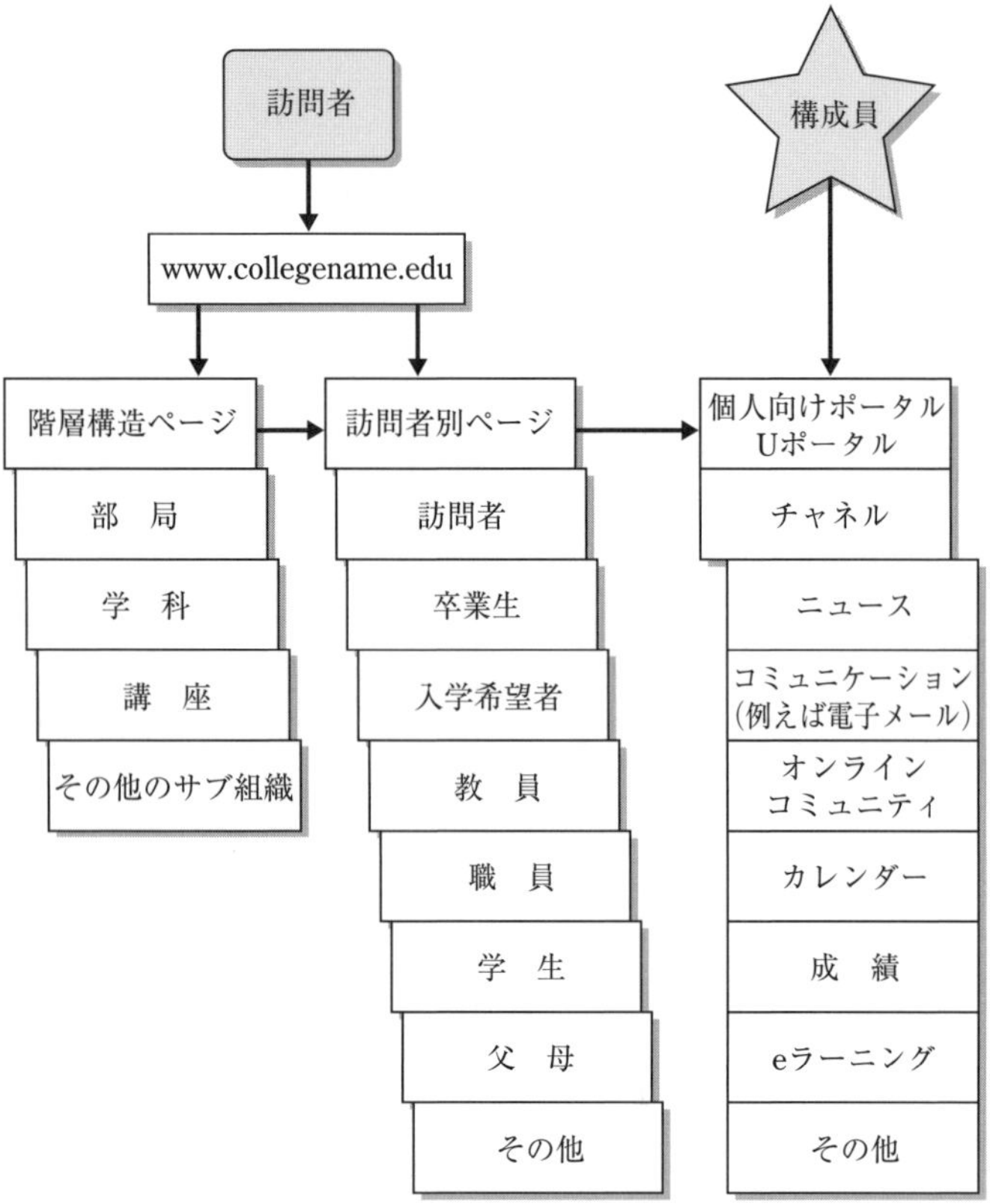

図７・３　大学のウェブサイトの三つの主要なビュー

学部、学科、講座などにより構成される階層構造を持つ。階層ごとに、それぞれ独自のデザインを持つ場合もあるが、同じ階層内のページデザインやナビゲーションには一貫性が求められる。コンテンツの作成や管理は、伝統的に分散型、すなわち、各組織ごとに行われるが、すべての構成要素が階層構造の中で緩やかに関連づけられている。各ページは、一般の人々へのサービスを前提にデザインされているため、非公開情報はなく、すべてのコンテンツを誰でも閲覧することができる。

大学のウェブサイトは、大学の広報活動、学生募集、基金調達活動において重要な役割をもっており、ウェブサイトを通じてインターネット上での大学イメージをどう構築するかは、重要な課題の一つであるということを多くの大学がすでに意識しているはずである。おそらく、ウェブ上の情報には従来の印刷出版物より多くの読者がすでに存在していることはまちがいない。ボストン大学を例に挙げると、公開されているウェブサイトに対して一か月当たり百万人以上の訪問者がいる。ウェブサイトでの情報提示の品質と正確さや情報のまとめ方には、大学の印刷広報物と同じくらい高い基準が求められる。さらに、現在、大学のウェブサイトでは、トップ階層のページすべてにわたって一貫した見栄えとナビゲーション構造の適用が求められている。

大学のウェブサイトには、「大学のページ」と「個人のページ」という二つのカテゴリのページがある。大学のページは、大学の公式の組織階層や方針が示されているページである。例えば、化学科のホームページやロースクールの入試情報は、大学に関するものであり、大学イメージに従ったものであるべきである。しかし、学生の部活やサークルのホームページ、教員の個人的なウェブページは大学イメージに従わせる必要はない。

訪問者別ウェブページ

大学のウェブサイトは、何千ものウェブページで構成されるが、このうち、一部のものは、ある特定の訪問者向けのものである。例えば、学内における手続きに関するページは構成員を対象としたものであり、入学希望者には関係のないものである。また、学生や卒業生、教職員といったある特定のグループを対象としたコンテンツはそれぞれのグループの構成メンバを対象としたものである。もちろん、訪問者別のページには誰でもアクセスすることができるので、入学予定者が在学生の視点でコンテンツを閲覧したりすることもできる。

多くの場合、訪問者別ページにはある特定の情報だけが掲載される。例えば、父母用、教員用、学生用についてはそれぞれ個別のページが用意される。それぞれの訪問者別ページでは、一貫したデザインやナビゲーションにより同じ形式で訪問者固有のコンテンツが提供されるとともに、他のページにも掲載されている一般向けの情報も提供される。大学のウェブサイトのトップページは、構成員ではない外部の訪問者を意識したデザインがなされており、外部の人のための訪問者別ウェブページとも言えよう。また、パーソナライズされたセキュアな情報や業務処理機能にアクセスさせる場合もあるのであれば、個人向けポータル（大学ポータル）へのアクセス手段の掲載が訪問者別ページにも必要になる。

個人向けポータル

個人向けポータルは、訪問者別ページのコンセプトをさらに二、三歩発展させたものである。このうち、最初に述べるべき最も重要なアーキテクチャ的コンセプトは、「構成員がポータルにログインすることにより個人を識別することができる」という点である。ボストン大学では、学生や卒業生や父母といったすべての関係者が、LDAP[12]と呼ばれている全学ディレクトリサービスを用いて、ボストン大学のユーザIDとパスワードにより認証され、大学の構成員であることが識別されると、アクセス権が与えられる。

構成員は、新たに知らなければならなことは何もないし、新しいパスワードも、サービスごとに異なるパスワードも必要ないので、頻繁にログインするようになり、その結果、「ポータルへのログインが当たり前」となる。個々の構成員は、職員であったり、親であったり、卒業生であったりするように、複数のグループに所属するかもしれないが、ユーザ認証のために必要な情報（ID、暗証番号、メールアドレス）は一つだけになる。そして、「アクセス権限が与えられる」ことにより、ボストン大学のコミュニティの一員という帰属意識を高めることができる。

ディレクトリサービスで提供される情報には、各人のプロフィール情報やアクセス管理権限、個人設定情報も含まれているので、ある特定の個人向けにコンテンツを変換することもできる。個人向けポータルページを見ることができるのはその個人だけであり、よって、先に述べた、ホームページのように誰が見ているかわからない場合における大学イメージに関する問題は重要ではなくなる。ポータルでは、コンテンツは個人に合わせたものに変換されるので、そのカスタマーにとっての使い勝手

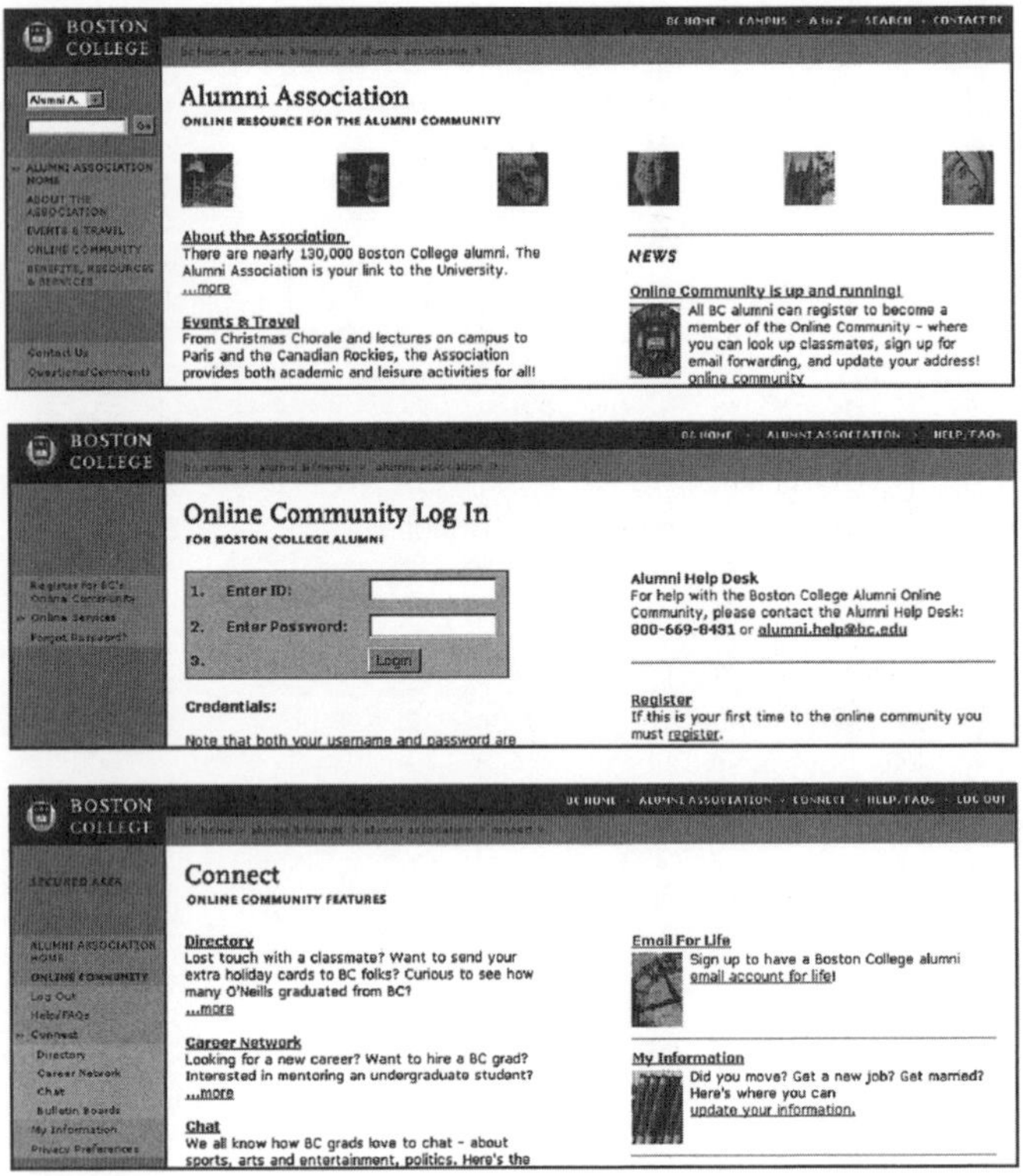

図７・４　例：訪問者別ページからセキュアサービスへのリンク

や利便性が、設計において最も重要になる。

個人向けポータルへのログインにより、セキュアなサービスへのアクセスが常に実現されるとは限らない。例えば、大学のウェブサイト、または、訪問者別構造からセキュアなサービスへアクセスさせる必要がある場合、閲覧者はディレクトリサービスや統合化のためのポータルインフラストラクチャの機能を引き続き利用することになる。例えば、図7・4の三つのスクリーンショットは、同窓会用の訪問者別ページからアクセスしてきた卒業生が、異なるサイトで提供されている卒業生限定のオンラインコミュニティサービスにアクセスする際のステップを表している。

また、この例では、大学のアイデンティティや大学イメージに従って大学のウェブサイトをデザインした場合の例を示しており、それによってもたらされる見た目のよさや、統一されたナビゲーションをカスタマーに提供することがいかに重要なことであるかがうかがえる。

このようにして統合されたウェブアプリケーションは、部局の枠を越え、複数の情報源からのコンテンツを統合して提示することができるので、カスタマーの利便性は向上することになる。例えば、使い勝手のよい学生の履修登録システムでは、複数の情報源やシステムからデータを統合し、コンテンツを提示することになる。アプリケーション開発者にとっての課題は、コンテンツやサービスを管理することになり、それにより、そのコンポーネントをどのように網目状に構成するかが重要になる。ポータルの構造は、このような分散した情報リソースをまとめる適切な手段を提供する。

訪問者別ページや個人向けポータルページを用いれば、大学組織の階層構造には必ずしも含まれない「仮想的な部門」に関する情報を必要に応じて提供することができる。例えば、大学の組織階層には存在しない「父母部門」を作成し、父母用の情報やサービスを訪問者別ページと個人向けポータルページの両方においてわかりやすい統一された形で提供することもできよう。個々の父母用の個人向けポータルページ上では、一般的なキャンパスニュースだけでなく、学生として所属する子供のアカウントを用いてアクセスするためのプロクシーサービス[13]や、大学の基金強化キャンペーンへの協力を求めるなど、様々な範囲に及ぶことも想定される。

Uポータル――ポータル標準フレームワーク

多くの大学で、ポータルプロジェクトが進行しているものの、相互に連携がとれておらず、標準化されたシステムアーキテクチャもない。しかも、ポータルが大学運営に与えるインパクトやその対応への見通しもほとんどない。このようなバラバラな状態になってしまっているのは、大学ポータルの明確な定義がなく、ソフトウェアベンダや大学が情報ポータルを構築するのを支援する技術的なガイドラインもなかったためである。Ｊａｓｉｇミーティングのはじめの頃には、ポータルやウェブ戦略に関する議論を「まるで集団療法を受けているようだ」と語る大学の代表者もいた。参加していた大学のすべてが同じような問題を経験していたことが、結果として、共通の解決法を求める機会を創り出すこととなった。

その結果、Ｊａｓｉｇミーティングの参加大学が連携し、ポータル標準フレームワークを定めることになった。それが、「Uポータル」である。ワーキンググループでは、ポータル標準フレームワークが満たすべき内容を次のように明文化した。

- 単一のグラフィカルインタフェースを通じて、すべての情報およびサービスへのアクセスを提供する
- シングルサインオンをサポートし、情報リソースおよびアプリケーションのすべてに対する認証とアクセス権を与える
- 大学のすべてのエレメント（教育・研究、事務、およびコミュニティ）とすべての業務アプリケーションを統合できるフレームワークを提供する
- ウェブベースの便利なコミュニケーションサービスを提供する
- 大学コミュニティの構成員すべてが、すべての業務処理を行えるワンストップを提供する
- パーソナライズされた方法で個人ベースの情報を提示し、サービスにアクセスすることができる機能を提供する
- コミュニティの各々のメンバに対して、見た目・レイアウト・情報を個人ベースでカスタマイズできる機能を提供する
- 大学がすべてのコントロール権限を有し、見た目やコンテンツの独自管理ができるようにする
- ベンダ独立である（特定のハードウェアやソフトウェアに縛られない）
- 商業主義から決別する（大学がスポンサーでない限り広告も商品販売もしない）
- すべての構成員が二十四時間三六五日利用できるようにする
- 柔軟性があり、新しい技術の進展や新しいアプリケーションに対応することができるようにする

Uポータルの目的は、共通のフレームワークおよびチャネル標準を提供することであり、アプリケーション開発者や民間アプリケーションベンダが共通化されたフレームワークを利用するためのプログラムを開発するだけで済むようにすることである。すべての大学が無料で利用できるUポータルの最初のバージョンが二〇〇〇年七月にリリースされ、Uポータル2・0のβバージョンは二〇〇一年七月末にリリースされた。この二回目のリリースの実運用バージョンが、二〇〇一年十一月に利用可能になるようにスケジュールが組まれている[14]。また、他の多くの組織が大学ポータルのフレームワークとしてUポータルの採用を検討し、その評価に取り掛かっている。二〇〇一年十月には、キャンパスパイプライン社[15]がポータルフレームワークとしてUポータルを採用することをアナウンスした。

ポータル戦略の選択肢

ポータルに関する話題はとてもホットになってきており、情報技術に関する戦略立案を行う立場にある人たちは、取り得る選択肢を洗い出し、自分の大学におけるポータル戦略づくりを急ピッチで進めている。

以下では、議論をわかりやすくするため、ポータル戦略の選択肢を、次のように分けて述べることにする。

- 高等教育用ポータル・ベンダ
- エンタープライズ・リソース・プランニング（ERP）ベンダ

- ＥＲＰ部門を持つポータルベンダ
- コース管理システムベンダ
- ポータルソフトウェアベンダ
- 内製型開発ベンダ（例「アゴラ」）
- オープンソースプロバイダ（例「Uポータル」）

ここ2～3年の間、「無料でポータルが構築可能」という提案が、様々なポータルベンダからひっきりなしにきている。これらのポータルベンダは、高等教育市場にターゲットを合わせた独自のポータルサイト上に、各大学のポータルをホストし、「製品販売を目的としたサイトへのリンクやバナー広告を販売する」というビジネスモデルで事業活動を行っている。これらのベンダは、「ポータルの独自開発にはとてもコストがかかりますよ」というセールストークで、学内の個々の部門に売り込みをかけてきた。

小さな大学や、大学内の特定の部門、限られたサービス対象（例えば、学生）にだけ関心がある大学にとっては、このような高等教育ポータルサイトを利用するというオプションは魅力的で、短期的な戦術となりえた。この戦術を採用した大学は、多額の財政負担なしに迅速にポータルを採用することができた。それと同時に、大学イメージやポータルインフラの管理運用権限を放棄することになった。しかしながら、潜在的に未完成の技術基盤や、どこまで通用するかわからない業者のポータルビジネスモデルにつきあわざるを得なくなってしまった。全学的なソリューションを模索している大規模な大学やより多様性に富んだ大学については、このようなベンダとの提携は勧められない。

一方で、ＥＲＰベンダは、自分たちが提供しているＥＲＰ製品に組み込まれたポータル製品を提供することによってポータル市場に参入してきた。ピープルソフトやＳＣＴをはじめとするこのようなベンダは、様々なコンテンツプロバイダと提携し、コンテンツとして組み込み可能であることをうたい文句にしている。ある大学が特定のＥＲＰベンダから提供されているアプリケーションシステムをすべて持っているとしたら、ポータル製品についてもそのベンダのものを選択することは理にかなっているかもしれない。しかし、このアプローチは、言うまでもなくある特定のベンダにその大学を縛り付けることになり、「その大学にとって最もよいサービスを提供すること」よりもむしろ「自分のマーケットシェアを拡大すること」に焦点を合わせている特定のベンダへの依存性を高めることになる。こうならないようにするためのよりよい長期的戦略としては、完全にオープンなポータルを採用することにより、大学のミドルウェア層を形成し、バックエンドシステム群からポータルを分離することである。

ＥＲＰベンダとほとんど同じと見なせる他のベンダグループもある。ジャンザバー社を代表格としたこれらのベンダは、高等教育ポータルベンダとして事業を開始し、電子メール、チャット、ニュースのようなコミュニティサービスを提供してきた。そして、大学のデータシステムへもアクセスしたいというより強い連携を求めるユーザに対して、自分たちのポータルを大学のバックオフィスソフトウェア・スイートと連携させるということを行ってきた。ＣＡＲＳ、Ｑｕｏｄａｔａ、ＣＭＤＳ、およびキャンパスアメリカという四つのバックエンドデータシステムベンダの買収という手法を用いながら、ジャンザバー社は「各大学の基盤システムへの即時アクセス手段を得る」という問題を解決し、各大学が所有するアプリケーションシステム群をポータルに統合したいという要求に応えようとした。このマーケット分野の対象となる大学は、ほとんどの場合、小規模大学であり、実現および管理の簡易さと引き替えに、ポータルフレームワークの自由なコントロールを部分的に放棄することになるであろう。ERPベンダについて前述したのと同じ理由により、多くの大規模総合大学については、この類のベンダを選択することは賢明ではないと思われる。

eラーニング分野を筆頭に、多くのアプリケーションベンダは、自分たちが提供するシステムの操作環境を支援するために、ポータルフレームワークを自前で作成するか、他のベンダからライセンス供与を受けることを強いられてきた。ブラックボード社を筆頭としたアプリケーションベンダは、自分たちの製品群を「大学ポータルソリューション」として位置づけている。また、教育学習支援のためのコース管理システムベンダも、「ポータルデザイナ」として同様な戦略をとっており、誰にでも利用できるウェブベースのソリューションとして、それぞれ独自の全学ソリューションを構築し展開することを試みている。これらのアプリケーションシステムは、ポータルコンポーネントがそのアーキテクチャに本質的に必要となるが、そのアプリケーションシステムそのものが大学ポータルになるべきではない。

アプリケーションシステムベンダに対して、大学にある他のデータベースと統合し、基本的なユーザ認証や権限認証サービスを提供可能な製品を求める声が多くなってきており、必要に迫られたベンダは、Uポータルのようなオープンシステムに関するエフォートをますます支援し採用するようになってきている。このようなアプリケーションベンダは、最低限、アプリケーションポータル（例えば、ブラックボード）と大学ポータル（例えば、Uポータル）との間で互換性を持たせる必要が出てくるであろう。将来は、「オープンな統合」を可能とする機能を提供することが、全学的なアプリケーション製品を選択する際の前提条件になるであろう。

プラムツリー社のような純粋なポータルベンダも選択肢となりうる。実際に、Uポータルが大学に受け入れられるレベルに達するまで待てなかったり、Uポータルイニシアティブが成功しない場合のことを考えると、このような純粋なポータルベンダを選択することは、一つの論理的な帰結となるであろう。商用ソフトウェアベンダと取引する際に我々が直面した問題の一つは、その価格構造と高等教育マーケットへの軸足の欠如であった。数百から数万の構成員により利用されることになるポータルソフトウェアの場合、ユーザを単位とした価格付けモデルは全く受け入れがたい。

ＪａｓｉｇがUポータルイニシアティブを立ち上げたのは、主要な総合大学の情報技術専門家の間で、ポータル標準フレームワークが必要であるという共通認識があったからである。そのフレームワークは、「オープンシステム標準ベース」「オープンソース」「すべての大学が無料で利用可能」「高等教育をターゲット」といった特徴を持つ。このように集団的かつ協調的に行動することにより、Ｊａｓｉｇのメンバ校は経費削減や経験共有を促進することができるとともに、一流大学が持つ影響力を束ねることができる。これにより、Uポータルフレームワークとの間で標準に基づいたインタフェースを提供する強力なモチベーションがベンダ側にも創り出され、その結果、さらに大学における統合経費の削減が期待できる。また同時に、各大学は、大学のウェブサイトに関して独自のアイデンティティを維持できるとともに、完全な独自運営が可能となる。

また、多くの総合大学が、選択肢の評価を行う際、同じような立場にたつことになる。つまり、Uポータルを待つべきか、内製の大学ポータルを独自に開発すべきか、あるいは、商用のポータル製品を採用すべきか、いずれが自分の大学にとってよいかを判断する必要が出てくる。私が所属するボストン大学では、アゴラという内製ポータル（すでに約三年間利用されている）を引き続き開発する戦略をとり、長期ソリューションとしてUポータルに目を向けつつ、Ｊａｓｉｇの取り組みを積極的に支援することになった。万が一、Uポータルが失敗するようなことがあれば、そのときは他の手段を講じる必要がある。つまり、商用ポータル製品を採用するか、アゴラを中期ソリューションとして使い続けるか。いずれの場合でも、我々の戦略では、ポータルを自ら所有し、ポータルをサードパーティベンダに引き渡すことは決して考えない。

ポータル戦略の重要性

大学ポータルの設計者や開発者として、我々は、全学的なアプローチが承認され、大学の戦略として受け入れられるようにする必要がある。また、大学ポータルの重要性を語り、賛同者を増やす必要がある。しかし、アーキテクチャを納得させることは、ソリューションを納得させる以上に大変困難である。現場に関わる人々は、すばらしい概念的な設計ではなく、実際に動いているシステムを見たがる。大学が、大学ポータルを採用しないのは、背後にあるテクノロジに興味を持つが、たいていの場合、テクノロジは重要でないからである。経営に責任を持つエグゼクティブにとっては、技術ではなく機能とコストに基づいた健全な事業戦略が必要なのだ。

実際のところ、「ほとんどのエグゼクティブには複雑すぎて理解できないけれども、大学の中枢機能として決定的に重要な戦略を、関連する様々な戦略にも焦点を当てながら、いかに立案し実行できるか？」という点が最も重要な問題なのかもしれない。エグゼクティブに、テクノロジを理解してもらうことを期待するのは非現実的である。その代わりに、問題をわかりやすくすることで、優秀な意志決定者なら誰でも持つ基本的な本能、すなわち、直感やコモンセンス、およびベストを求める衝動に訴えることが必要である。

大学執行部が果たすべき役割は、伝統的に、長期目標や戦略を設定し育むことである。戦略の対象となるのは、長期の財務計画策定や履修管理、大学施設のマスタープラニングなどの領域を含んでおり、おのおのについて、責任者を配置し、その領域に詳しい有識者や組織に委ねている。インターネットやウェブについても全学的な高いレベルで焦点を当てるべきである。インターネット技術やウェブを統一的に採用していく過程において、副学長や評議員、幹部職員の役割は、個人や部局の無知な擁護者ではなく、協力的な保障人であるべきなのだ。

リーダーシップと全学的な課題

大学のウェブサイトは、巨大な単体システムの一部である小さな部品が相互に関連づけられて統合されて構成されており、大学は、そのような分散環境の中央マネジメントの重大さと必要性を認識する必要がある。情報技術に関する指導者は次の目的を追求する必要がある。

- ウェブの開発や管理に関する全学的なリーダーシップを確立する
- 大学のウェブ戦略およびポータル戦略を定め、理解させ、保障する
- エンタープライズモデルをトップダウンにより支援するための統合されたウェブアーキテクチャを確立する
- キャンパスにおけるＩＴ運用部門内での個々の役割を明確にし、役割を実行するための制度や責任の所在を確立する
- 標準を定義し、大学のウェブサイトの稼働状態の管理および監視のための中央リソース部門を整備する
- 将来の大学モデルに対して、現在のウェブ環境の急速な推移を見定め、注意深く取り込む
- ウェブコンテンツを維持するための経費がかさむ高度技術者が必要にならないようにする

大学ウェブ戦略の開発におけるリーダーシップを維持するためには、常勤職員を一人フルタイムで割り当てるか、あるいは、規模が小さく、情報がきちんと伝わるグループが必要となる。このリーダーシップにより、ウェブ構造と情報の流れの全体を概念的にまとめ、必要とされるウェブ戦略に合う適切な技術を適用するためには、ウェブの果たすべき役割に関する戦略的で全学的な展望を持つべきである。大学イメージを強化し、大学がうまく機能する方向へとポジティブに変革するために、インターネットやウェブが持つ本当の力と将来への約束を大学が摑みたいのであれば、「計画も意志決定もばらばら」という現在のやり方は、もはや許されない状況にある。

大学のウェブアーキテクチャを創り出すための挑戦は「インフラストラクチャ（基盤）」と「インテグレーション（統合）」という二つの単語に集約できる。インターネットおよびウェブテクノロジを用いて解決できるかもしれない潜在的な業務プロジェクトを準備しようとすると、おそらく次の疑問に直面することになる。

- 必要な技術基盤がすぐに使えないとしたら、ポータル戦略をどのように立案するべきか？
- 新しいウェブアプリケーションを、ピープルソフト社や内製で開発された基幹システムのような既存のバックエンドレガシーアプリケーションとどのように統合することになるのか？
- 新しいウェブアプリケーションが、ユーザ認証や権限認証のような既存のセキュリティサービスを利用するのか？　あるいは、新しいアプリケーションごとに新しいものを作成する必要があるのか？
- 新しいアプリケーションは、新しい既存のアプリケーションや既存のデータベースとの間でデータをどのようにやりとりすればよいのか？　標準的な手続きがあるのか？　新しいアプリケーションごとにベンダに特化した[16]インタフェースが必要になるのか？
- 新しいアプリケーションが大学のウェブサイトという「巨大な絵」のどこにフィットするのか？大学のウェブサイト上のどこにそのアプリケーションを配置し、それにどうアクセスさせるのか？

このような疑問により、技術に精通したアーキテクトであれば「共通のソフトウェアインフラストラクチャがなければならず、統合のための共通の標準規格がなければならない」という当たり前の結

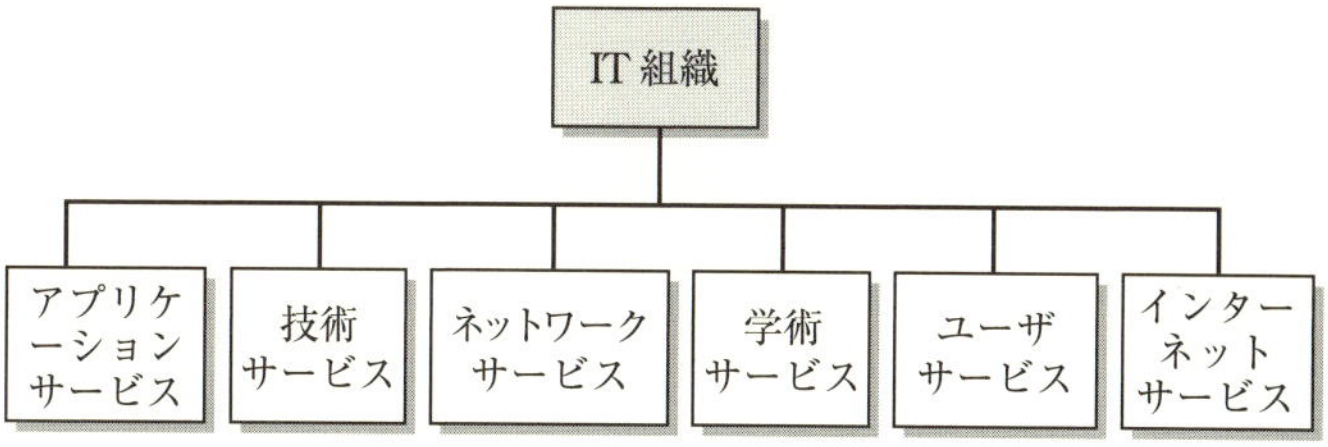

図7・5　IT 組織

論にすぐに到達するだろう。共通のフレームワークや標準規格がないと、とても高価で非効率なサポートコストを伴うカオス状態になってしまうからだ。

ITスタッフは今、ソフトウェアインフラストラクチャとミドルウェア層、特に、インターネットとウェブサービスの統合に、労力やリソースを集中する必要がある。また、該当する部分について同様の組織改革が必要になるし、技術力およびソフトウェアスキルを同じくらい持つ技術者と研究者で構成される部門の新設も必要となる。

インターネットサービスグループが負うべき責任は次のとおりである。

- インターネットやウェブ整備のためのキャンパスにおけるビジョンと大学におけるリーダーシップを提供するとともに、意志決定機関として機能する
- 学内コミュニティ内で大学ウェブ戦略を策定し、トップダウンでデザインを管理する
- 大学における技術フレームワークを整備し、ウェブアプリケーションに適用し、すべてのアプリケーションを統合するためのルールを作成し適用する

- ソフトウェアインフラストラクチャや開発ツールを実装し、効果的な大学のウェブサイト構築を支援する
- 新しい技術や新しい方向性（例えば、eラーニングやeビジネス）の利用や展開が遅れているコミュニティにおいてリーダーシップを発揮する
- 既存のシステムや統合サービスにおいて、数百万ドルの大学の投資が無駄にならないようにする（例えば、シングルサインオン、ディレクトリサービスおよびロールベースの権限認証）[17]
- 標準規格に基づいた製品や技術を採用することにより、将来にわたり投資が無駄にならないことを保障する
- 調達候補ベンダと共同作業を行うことで、自分の大学の要件やオープンシステム標準の要件を満たすようにする
- コンソーシアムにおいて他の大学やベンダとの共同作業を行うことで、それぞれが持つリソースを最大化し、コラボレーションがテコとなるようにする

結論

本章では、大学ポータルに関する課題や取りうる選択肢をリストアップするというより、むしろ、方向性や個人的な意見の共有を試みた。私の評価やアプローチの多くに同意いただけない読者もいるかもしれないし、多くの戦略や方向性は、他の大学の実情には適さないかもしれない。しかしながら、

アイディアを共有することは、各大学の業務部門・技術部門、大学を越えた高等教育コミュニティ、および、関連するビジネスパートナーとの間で、コンセンサスを形成するための鍵となる。各大学において情報技術に関する指導者の立場にある人々が、大学におけるウェブアーキテクチャを考えるうえで、大学ポータルのような極めて重要な課題について、自分たちの見方をきちんと表現できるように、しっかりとした準備を行う必要がある。我々が、大学ウェブ戦略の文脈の中での大学ポータル戦略について、不可欠な議論や意志決定を行いながら前に進む際、各大学において情報技術に関する指導的立場にある人々は、網羅的に戦略を記述するために必要な準備を行っておくことが重要である。そうすることにより、学長や部局長だけでなく、すべての階層の人々が知識やビジョンの深さに敬意を払うことになるであろう。

このように俯瞰的な視点を養うことが、個別のボトムアップな動きを作ることよりもむしろ重要である。こう考えると、ユーザは、主に「なにができるか」に興味があるのであり、「技術的な（ハードウェアやソフトウェア）基盤」や「システムをどのように統合するか」にはほとんど関心がないことに注意を払うべきであろう。この場合、ＩＴの専門家を落胆させることになるかもしれないが、「どういう基盤を構築するか」や「どう統合するか」は、「どういうソリューションを選択するか」により自動的に決まってくる。すなわち、ほとんどの場合、製品選択を行った時点で「どういう基盤を構築するか」や「どう統合するか」は自動的に決まってくることになり、実際に求められるＩＴマネジメントの対象は、「どういう基盤を構築するか」や「どう統合するか」ではなく、「内部の人的資源に関する問題」や、「準最適なシステムに対する持続可能なサポート要件への対処」となるであろう。

買って、作り込んで、統合する

高等教育機関におけるＩＴの専門家は、バラバラなものを互いに縫い合わせる事業を行っており、ポータルは、最も重要な統合のための構成要素である。我々がサービスの対象とする人々は、背後にあるアーキテクチャやバックエンドデータ構造がどんなものか理解する必要がないし面倒もみないし、実際にアクセスし見た目を通じてのみ[18]様々なサービスが統合されていることが理解できるのである。これが、本章の最初で、「大学ポータルとは『宝石が散りばめられた王冠』のようなものである」と述べた理由である。つまり、Ｕポータルは、そのＵポータルフレームワークを通じて学内の様々なサービスをチャネルという細かな宝石としてユーザに提示するための「王冠」であり。宝石というサービスが散りばめられてはじめて魅力があるものになるのである。

第8章　カリフォルニア州立大学におけるポータル

ポータルとは何か？　「ポータル」という言葉自体は、一般的には「門・ドア・入り口」を表すが、ウェブの世界では、デジタル文化に向けた進化における次の段階を表す言葉でもある。

ポータルは、ビジネス業界と同じように、高等教育業界においても、情報技術（ＩＴ）に関する極めて注目されている話題の一つになってきた。ガートナー・インターナショナル社が公表している最新の「ハイプサイクル」(1)カーブでは、ポータルは最も注目度が高い状態であると見なされている。また、ガートナー社は、米国の高等教育機関の少なくとも五パーセントが、二〇〇〇年秋までに、部分的あるいは全面的にポータルを使用するようになるだろうと予測しており、さらに、二〇〇六年までには、学生が千人以上の大学のうち、八十パーセントの大学にポータルが導入されると予想している。(2)一方、メリルリンチ社は、企業におけるポータル市場の総額は、二〇〇一年には、四十五億ドルに達し、さらに二〇〇二年までには一四八億ドルに達すると予想している。

本章では、大学において指導的な立場にある大学執行部の方々にポータルへの理解を深めていただくことを目標に、ポータルによってもたらされる恩恵の概要を、関連する潜在的な問題点やポリシー的な課題とともに述べる。つまり、ポータルの技術的な解説ではなく、ポータルに関わる基本的な設計ポリシーを解説することにより、長期的に一貫性のある全学的なポータル戦略を策定するための出発点を提供したいと考えている。また、個々の大学あるいは大学コンソーシアムの一員として、それぞれの大学がどのように前に進むべきかについて、取り得る選択肢を提供したい。

ＩＢＭ社の定義によれば、インターネットポータルとは、「情報（データ）やアプリケーション、あるいは人とのコミュニケーションに関して、どこからでも利用できる単一で統合された利便性の高いアクセスポイントである」とされている（IBM, 2000)。ポータルは、一見しただけでは普通のウェブサイトにしか見えないが、実際は、それ以上のものである。もちろん、ウェブサイトは大学の広報戦略において重要なものであるが、主に静的な情報を提供する手段でしかない。

ビラノバ大学のクリストファー・コノリーは、ポータルについて次のように述べている。ポータルとは、インターネットやイントラネット上にあるウェブサイトへのゲートウェイであり、そこを通じて、おびただしい量の利用可能な情報がまとめ上げられ、カスタマイズされ、提供される。そして、うまく設計されたポータルでは、基本的な情報は誰でもユーザ認証なしで閲覧できるが、ある特定のユーザにしか見せられない情報がリクエストされた場合のみユーザ認証が必要になる、いわゆる「シームレスアクセス」が可能になっている。ユーザ認証された閲覧者や、クッキー(3)によってユーザ認証済みであることがわかる閲覧者には、よりパーソナライズされた大学のウェブサイトが画面表示される（Connolly, 2000, p. 38)。誰が利用しているかが、ポータル側で認識されているので、閲覧しているユーザに合わせて振る舞いを変えることができる。すなわち、そのユーザの代理人として行動するパーソナルアシスタントあるいはエージェントのようなものだ。
ストラウスが言うように、ポータルには次の三つのタイプがある。

1. 垂直型ポータル＝ある特定の興味関心について情報やサービスを提供する。例えば、ワイン・ドットコムがそうだ。このようなポータルでは、「ニッチ」な閲覧者（大学の場合は、学部学生や教員、同窓生など）を対象として情報やサービスが提供される。
2. 水平型ポータル＝しばしば「メガポータル」と言われるもので、インターネットコミュニティ全体をターゲットとしている。例えば、ヤフー！のようなサイトがメガポータルである。このようなサイトには検索エンジンが用意されていて、各地の天気予報や株式相場、最新ニュースなどの様々なチャネルを提供することにより、利用者がページをパーソナライズすることができる機能を提供している。メガポータルを提供する側の期待は、各々のユーザが、インターネットにアクセスする際、まず最初に自分たちのサイトにアクセスしてくれることである。ビジネスモデルとしては、広告収入とクリックスルー収入[4]が期待されている。
3. エンタープライズポータル＝大学ポータルあるいは企業ポータルと呼ばれるもので、人事・会計・財務などの特定のアプリケーションに焦点を当てた垂直型であったり、あるいは、構成員が自分の職務を遂行するために必要になる情報を提供する水平型であったりする。アクセスできるかどうかは、組織におけるそれぞれの「ロール[5]」によって決まる。水平型エンタープライズポータルの場合は、カスタマイズしたりパーソナライズしたりすることができ、適切に設計されていれば、デスクワークの多くをポータルで行うことができる。

テレビのチャンネルをリモコンで操作するように、ポータル上では「チャネル」が提供され、選択することができる。例えば、履修情報、カレンダー、成績証明書や学位証明書などの各種証明書、キャンパスにおけるニュースやイベント、コラボレーションツールやグループディスカッション機能、リファレンスマニュアルや他の情報源へのリンク、レジャー情報、財務情報、ファミリー情報などがチャネルとして提供される。ポータルでは、大学や学部等のホームページ、イントラネットで提供される各種サービス、および一般的なウェブサイトの三つすべてが統合される。つまり、それぞれがこれまでよりも一歩も二歩も進化することを意味している。

ポータル整備および実装には、検索エンジンだけでなく、ユーザ認証や権限認証、情報のキャッシング[6]、自動分類エンジン、アプリケーション統合用ミドルウェア、リレーショナルデータベース、メタデータディクショナリなどの関連する技術が必要となる。これらの多くは、エンドユーザには見えない技術や機能であるが、eサービスを可能にし、ベンダ製品を評価・導入するためには必要不可欠なものである。

以降、本章では、大学における水平型エンタープライズポータルに焦点を当てる。

ポータルは大学に必要か?

ひっきりなしに訪れるベンダがもたらすポータルに関する過剰な宣伝も相まって、ポータルはもはや無視できないものになってきている。しかも、インターネットに精通した学生が多くなり、ポータルに高い期待を寄せていることも、ポータルを構築せざるを得ない理由となっている。すでに矢は放たれたのである。同窓会やクラブ活動あるいは規模の大きい学部では、自分たちのポータルをすでに構築しているか、構築しようとしている人が必ずいる状態になっている。しかし、多くの場合、大学のCIOや他の幹部教職員が、ポータルに関する知識や調整、援助の提供を行っているわけではない。

いわゆる新自由主義経済への期待が真っ盛りの中、ポータルベンダは、大学執行部にアプローチし、「ポータルの導入により、収入が増加し、『ゆりかごから墓場まで』（あるいは、少なくとも、『受験から寄付まで』）続く学生との関係が構築され、すべての大学構成員の生産性が向上します」と宣伝している。財政的な恩恵も、潜在的にはありうるかもしれないが、収入増加に関しては、大学ポータル上での広告の適切さについて、ポリシー的な観点から様々な疑念が生じるであろう。また、別のeコマースアプリケーションでは、プライバシーの問題が生じるかもしれない。ウェブ上での商品やサービスの販売に対しては、大学周辺の業者から「公的機関による新規参入に反対」との苦情を受けるリスクを背負うことになるかもしれない。このような理由から、収入増加を一番の目的とした大学ポータルの整備には懐疑的である。

しかし、すべての大学はいつか必ずポータル技術を使うようになるだろう。最も重要な問題は、「ポータル構築がいつ、どのように行われるか?」である。大学ポータルの整備には、学内のコミュニティ全体に影響が及ぶテクノロジについて戦略的な意志決定が必要となる。また、ポータル戦略の決定には、長期的および短期的なニーズに基づいた慎重な分析が必要となる。

ポータルの恩恵を享受するのは誰か？　また、それはどのようなものなのか？

ポータルによってもたらされる恩恵として、「社会的な認知度の向上」「大学運営の効率化」「生産性の向上」「経費の削減」など、様々なものが考えられるが、どういうものを想定しているのかに関係なく、ポータルが導入される大学のコミュニティ全体が実感できる恩恵であるかどうかが、その大学のポータルが成功するか失敗するかを決めるだろう。ポータルを導入することにより、すべてのユーザが、自分がやりたいことを、より簡単に、かつ、より効果的にできるようにすべきである。

ポータルを構築する明確な理由としては、内・外の構成員に対して提供する情報の更新頻度を上げ、ユーザごとにコンテンツをカスタマイズすることによる生産性の向上が挙げられる。また、ポータルは、重複した情報をうまくまとめることができるため、一種のナレッジマネジメント機能を提供することもできる。これにより、完全ではないが、ナレッジマネジメントに関する技術的な回答の一つをポータルは提供してくれる。キャンパスの構成員が、自分が閲覧したい情報源をパーソナライズし画面上で再配置できるようにすることは、正しい方向へと踏み出す大きな一歩にまちがいなくなるだろう。

実質的な恩恵として他に考えられるものは、ユーザ認証・権限認証・セキュリティ・メッセージングなどの技術的な課題を、ポータルの実装を通じて解決することにより、それぞれを個別に実装する際に必要となる労力をひとまとめにできる点である。「ミドルウェア」と呼ばれるこれらの技術基盤は、キャンパス内ネットワークやキャンパス間ネットワークを通じてエンドユーザを互いに結びつけるうえで中核的なものになる。

大学ポータルは、各々の構成員が、長期的なリレーションを大学との間で確立するための一つの手段となりうる。特に、人生における様々な場面における大学とのリレーションを反映させて、ポータルから情報やサービスを提供することができる。例えば、大学病院の患者であるときは、学生や職員、父母のときと比べると、教育・研究活動の情報を必要とすることはないだろう。また、ポータルを使うことにより、大学が持っているたくさんの「顔」を、より簡単に見せることができる。さらに、ポータルは、単に仕事をやりやすくするだけでなく、同じような興味を持つ学生、教職員、同窓生の間で交流や協調ができるようにもなる。このように、適切に整備されたポータルは、大学にとって「戦略的な資産」となる。静的な情報を単に提供するだけの従来のウェブサイトよりもはるかに多くのことができるようになるのである。

大学が得られるこのような恩恵以上に、ポータルは、学生・教職員・外部のステークホルダに対して恩恵をもたらすことになる。

例えば、学生の場合は次のような恩恵がある。

- ウェブを通じて、コースウェアやコースに関する必要な情報にアクセスできるようになる
- 教員とのコミュニケーションがより簡単になり、回数が増える
- 成績や奨学金、授業スケジュールなどの情報取得や卒業要件の確認がオンラインでできる
- 部活動やサークル活動、地域ボランティア活動などの大学内コミュニティにアクセスできる
- 生涯学習の機会が増える

また、教職員の場合には、次のような恩恵がある。

- 学生とリアルタイムに会話できる
- コース管理ツールが容易に利用できる
- 指導学生に関する情報を簡単に取得できる
- 仕事に必要となるすべての情報に簡単にアクセスできる

どのように始めるか？

現時点で、挑戦とはスタートすることではなく、むしろ、キャンパスにおいてバラバラになっている様々な取り組みをまとめ、ポータルの構築に向けて統一された戦略を作成することである。ときには、大学執行部による調整が必要になる場合もある。

インターネットリテラシーの高い学生たちの間では、ポータル整備に関するコンセンサスが生まれつつある。主な点を挙げると次のとおりである。

- キャンパスには、オンリーワンの水平型ポータルが存在すべきである。これにより、理論的にいえば、大学コミュニティの各構成員は、講義スケジュール・講義ノート・宿題・カレンダー・メール・タスクリストなど、いずれにアクセスするかに関わらず、毎日ポータルにログインするようになる。これは、まず、オンリーワンの水平型エンタープライズポータルにユーザはログインし、その後、シングルサインオンにより、様々な機能に特化した複数の垂直型ポータルにアクセスすることを意味する。

- ポータルは、段階的に構築されるべきである。第一世代のポータルはコンテンツを重視し、第二世代は大学における業務プロセスやサービス、アプリケーション、プロセス統合に焦点を当てる。さらに第三世代では、無線LANを通じて、データや音声、ビデオを様々なプラットフォーム上で統合することに注力することになる。
- 各構成員は、キャンパス内での「ロール」に関わらず、シングルサインオンによりアクセスできるべきである。つまり、垂直型ポータルへのアクセスも含めて、その人に許可されているどんな情報に対してもシングルサインオンでアクセスできるようにすべきである。水平型ポータルに一度ログインしさえすれば、大学にある他のすべての垂直型ポータルに自動的にアクセスできるようにすべきである。
- ユーザ認証時には、一人のユーザが複数のロールを持つ可能性を考慮するべきである。例えば、ある学生は大学の非常勤職員であったり、ある職員は科目等履修生であったり、幹部職員が大学の非常勤講師であったり、のように。
- 大学は、新しく導入するアプリケーションと同じように、レガシー(7)な教育研究用システムや業務用システムの両方を考慮の対象とすべきである。そのようなレガシーシステムから新しいソフトウェアへ移行する戦略が、システム設計チームあるいは導入ベンダによってクリアに定められていない状態では、ポータルの購入や構築を行うべきではない。この考え方を、学内のコミュニティにしっかりと浸透させる必要がある。

- ポータルの目標は、必要なすべてのアプリケーションに対して単一でシームレスなインタフェースを提供することである。そのため、キャンパス内で使用される講義に関係するソフトウェアはいずれも、ポータルを通じて利用できるようにすべきである。また、ポータルで利用できる講義支援ソフトウェアは、極力共通化されるように心がけるべきである。
- 収入増加を、ポータルを整備する原動力にすべきではないが、設計段階においては、広告やeコマースからの収入の可能性を排除すべきではない。

ポータルのトップベンダはどこか？　またポータルの費用はどのくらいかかるのか？

ポータルベンダ業界は、まだ発展の初期段階にあり、約百社あるベンダでは、大幅な組織の合理化がほぼ毎月行われている。(8) このような状況の中で、ベンダを選択しなければならない危険性を、いずれの大学も考慮すべきである。

ガートナー・インターナショナル社は、「ポータルソフトウェアのライセンス費用としては、五万ドルから二十五万ドルが必要であり、さらに、その十五パーセントから二十パーセントのメンテナンス費用がかかるだろう」と予想している。さらに、サービスやトレーニング費用にはライセンス費用の二倍から四倍かかる場合もある。したがって、ガートナー社は、まず試験的なシステムを導入・テストし、その後、コンテンツ統合・データベースアプリケーション統合・業務プロセス統合のための基本機能を段階的に構築することを勧めている。その他のセキュリティ・キャッシング・分類・検索・パーソナライズなどの他の重要な機能の実装も、一気に行うのではなく、段階的に行うべきである。さらにガートナー社によれば、ポータル市場には、ビジョンを持った企業やニッチなサービスを提供する企業は数多く存在するが、業界におけるリーダー的な企業はまだ存在しないとのことである。

大学にとってのポータルベンダの選択肢は？

通常、ポータルで提供される機能としては、パーソナライズされた情報へのアクセス、データベースシステムや関連するアプリケーションへの統合されたアクセス、および、個人のスケジュールシステムを大学のカレンダーシステムと統合したもの（この統合は最も難しいものとなろう）が挙げられる。

ポータルベンダの選択は、大変複雑でリスクを伴うものである。米国における五十の研究大学を対象にした非公式な調査ではあるが、二〇〇〇年五月から二〇〇一年五月の一年間に、市場でのポータル普及率が減少している点は大変興味深い[9]。二〇〇〇年七月から二〇〇一年七月にかけて、多くのベンダが市場に参入し撤退した。広告やクリックスルー収入によるビジネスモデルに期待したポータル事業への投資がもたらした当初のブームは、結局、より狭い保守的なポータル製品の定義をもたらし、従来型のライセンス供与によるビジネスモデルや、ＥＲＰのような他の製品との抱き合わせ販売により[10]、投資した資金を回収することになった。その結果、市販のポータル製品を選択する際には、その企業の事業継続性について極めて慎重な検討がますます必要となってきている。

表8・1　高等教育分野におけるポータルベンダ[11]

ベンダ	ビジネスモデル	特長
ブラックボード社	製品とのバンドル、eコマースを可能にするオプション	生産性ツール、レベニューシェア[12]、データテル社とのアライアンス
キャンパスクルーザ社	広告、eコマース、料金徴収	生産性ツール、レベニューシェア、データテル社とのアライアンス
キャンパスパイプライン社[13]	広告、eコマース、料金徴収、スポンサー制	統合用API、ローカルホスティング、SCT社・WebCT社[14]とのアライアンス
ジャンザバー社	eコマース、料金徴収、スポンサー制	四つの高等教育分野を対象としたERP会社を所有、サポート、非エンタープライズ型アカウント
マスコットネットワーク社	制限付き広告、eコマース、料金徴収、接続回数に基づいた売り上げ	コミュニティニッチ指向、無料の実装、共生戦略
ピープルソフトポータル	ピープルソフトユーザは無料、eコマース（任意）、料金徴収	ピープルソフトとの連携統合、iSun社とのコミュニティツールアライアンス
Uポータル	コミュニティソース[15]	Jasigによる資金提供、Javaベースのアーキテクチャ、IBS社[16]とのパートナーシップ
Zユニバーシティ	広告、助成金、eコマース	同窓会にフォーカス、レベニューシェア

ポータルベンダを選択する際に重要になるもう一つの要素は、業務提携先や業務関係先である。ポータルベンダが成功するためには、コンテンツプロバイダやシステムインテグレータ、検索エンジン、オペレーティングシステム、ミドルウェア、モバイルネットワークなどの重要な領域で特化している企業のベストプラクティスを借り受ける必要があるからである。

表8・1に示した一覧には、変わりやすいこの市場において、二〇〇〇

年七月から二〇〇一年七月において、高等教育市場で活発だった八つのポータルベンダを、それぞれのビジネスモデルと主要なセールスポイントとともに記載している。これらの製品の広告やeコマースの特長には議論の余地があり、不確実なものであることは明らかであり、経験や興味に関係なく、その不確実さへの対応に大学は追われるかもしれない。しかしながら、ルーネイとライマンは、「新規事業の設立を目指す世界に生きるベンチャー企業は、インターネットを調査した結果、今後のビジネスを占う最も多くの人々が関与している集団は高等教育分野にいることがわかった」と語っている(Looney and Lyman, 2000, p. 33)。ポータルにおけるeコマースの可能性は決して遠いものではない。大学にとっての挑戦は、商業利用を目的としたポータル技術を、学術的探求や学術分野におけるバーチャルコミュニティに適応させることである。

商用ベンダに加え、Ｊａｓｉｇが[17]、高等教育機関が自分たちのために設計した「Uポータル」という初のポータルフレームワークをリリースした。アンドリュー・W・メロン財団からの補助金により一部は作られたが、Uポータルは、様々な標準やソフトウェアを組み合わせることにより、ユーザコミュニティで開発され共有されているチャネルと呼ばれる機能と、プッシュ・プル型のインタフェースを用いることにより、カスタマイズされたポータルを大学が構築することができるようになっている。Uポータルは、Ｊａｓｉｇの「クリアリングハウス」と呼ばれるウェブサイトから無料でダウンロードできる[18]。原稿を執筆している現時点で、Uポータルを本格的に運用するためのバージョンが二〇〇一年後半にリリースされている[19]。

商用製品と比較した場合、Uポータルの潜在的な利点は、そのコストの低さと、コンテンツに関してより高い自由度で大学によるコントロールが可能な点である。しかし、Uポータルでは、フレームワークの実装ができるJavaプログラミングスタッフが必要になる。コミュニティソーシングが、Jasigにとっての主要な特長でありかつ重要な挑戦でもある。コミュニティソーシングにより、内製による開発であっても多くのコストを削減することができるが、それでもまだ見た目のデザインをきちんと行うためのコストは必要であるし、独自のチャネルを開発する必要がある場合もある。本稿執筆時点では、Uポータルを実運用しているか、あるいはテスト中の大学は九つある。(20)

このような技術開発に関する新しい分野においては、「リープフロッギング」、すなわち、順序の大幅な変化がしばしば起こりうるが、専門家の間では、次の大学が高等教育分野において最もよく整備されたポータルを有する大学であるといわれている。同時に、これらの大学を参考にすれば、デザイン形式や、コンテンツ、予算化のための代替手段として、様々なものがあることを見ることができる。大学における決定の際、これらの実践は、必ず参考にすべきものである。

- ワシントン大学「MYUW」http://myuw.washington.edu
- カリフォルニア大学ロサンゼルス校「MYUCLA」http://www.my.ucla.edu
- ボストン大学「uPortal」http://www.ja-sig.org
- ルイジアナ州立大学「PAWS」http://paws.lsu.edu
- ミネソタ大学「My ONE STOP」http://onestop.umu.edu
- ブリティッシュコロンビア大学「MYUBC」http://my.ubc.ca
- バッファロー大学「MyUB」http://www.buffalo.edu/aboutmyub

最後になるが、ポータル整備は、早くやれる場合もあれば、うまくやれる場合もあるし、安くやれる場合もある。しかし、問題は、三つのうち二つしか同時には実現できない点にある。

考慮すべきポリシー的課題は？

ポータル業界の不安定さに対する防衛手段としては、現在のところ、本質的価値を厳しく評価することしかない。もし、大学がポータルの導入を待つことができるなら、ベンダの整理統合が進み、価格競争が生じるまで待つべきであろう。加えて、ポータル業界では、標準規格の合意がまだできていない[21]。もし大学が待つことができないなら、以下の問題点と課題について考慮すべきである。

- どのような短期的な問題をポータルによって解決しようと試みているか？　なぜポータルが唯一の、または最もよいソリューションなのか？
- 大学執行部が、大学全体を対象とした単一ポータルを必須であると考えているか？　ポータルは、バーチャルなキャンパスコミュニティを構築するツールとすることができる。また、コスト効率化につながる業務プロセス改革も推進することができる。しかしながら、ポータルが統合されず、大学内に複数できてしまうと、その効果は得られなくなる。
- 大学執行部が、ポータルへの投資は一回限りのものではないことを理解し、大学全体で理解を深めようとしているか？　ポータルが進化し、単なるレガシーシステムへの橋渡し役から、新規導入ソフトウェアやその後継となるすべてのシステムへの橋渡し役へと移行するにつれて、継続的な投資が必要となる。

- 誰がどのようなデータを「所有」するとともに、データ所有者間に発生しうる対立をどのように解決するのか？　通常、情報担当役員（ＣＩＯ）には、データ所有に関わる対立問題を解決する任務が与えられる。究極的には、ＣＩＯは、すべての情報システムへのポータルを通じたアクセスや、見た目レベルでのシームレスな統合に責任を持つべきである。
- 大学ポータルにおける広告は適切か？　それぞれの大学は独自にこの判断を行う必要がある。その答えは、その大学の文化だけでなく、他の様々な要因によって決まってくるであろう。
- 大学ポータルを通じたｅコマースは許されるか？　ｅコマースはここで述べる以上にはるかに広い話題である。ｅコマースは、キャンパスではすでに当たり前になっており、オンラインカタログやオンライン購入、電子決済、および支払い処理が該当する。

ｅコマースの一例として、大学とアマゾン・ドットコムとの取り決めが挙げられる。それは、大学ポータルを通じて、アマゾンに構成員がアクセスし商品を購入すると、その購入価格の数パーセントを大学が受け取る、というものである。これは、大学のブックストアや他の福利厚生施設との間に潜在的な対立をもたらす可能性がある。地元業界からの参入反対圧力もｅコマースに関連して考慮すべき課題である。

ポリシー上考慮すべき事項を挙げると次のとおりである。

- 学生および教職員のデータに関するセキュリティおよびプライバシーを保証すること。これは常に深刻な課題である。しかしながら、既存の全学情報システムすべてにシングルサインオンできる場合、セキュリティの確保は、一人の担当者に任せればよいという単純なものではなくなる。つまり、セキュリティの確保はすべての情報システムにまたがるミッションクリティカルなものになり、大学全体で責任を負わなければならないものとなる。

- 知的財産権。これは、情報基盤の統合と同じくらい、ポータル整備において重要な課題となりうる（例えば、ナップスターに関する論争を思い出してほしい）。この問題は、教員にとって特にデリケートで、ポータルを運用する前に方針を決定する必要がある。

ポータルは必要か？　そして次に来るものは？

ポータル整備には、少なくとも三つの選択肢がある。一つ目は独自構築である。この場合、その後の開発および保守が問題となるため、議論しても専門家全員の賛同が得られることはまずない。二つ目の選択肢は、すでに統合化されているパッケージ商品の購入である。三つ目は、ポータルサービスの購入、すなわち、事実上、アウトソーシングすることである。これらのうち、いずれを選ぶかはとても複雑な問題で、その大学の文化や伝統、情報基盤、学内のマンパワーに関連する根が深いものだ。いずれのアプローチにも様々なチャンスや課題がある。各大学独自の解決策を採用すれば、自分たちにちょうどあったものになるだろうが、ポータル業界に新しい機能や特長が登場しても、その導入に遅れが生ずるケースが多い(22)。商用ポータルは、より多くの市場ニーズを満たす機能を実装することを追求しているので、ポータルテクノロジのイノベーションのスピードは、高等教育以外の分野によって決まってくることが多い。このようなポータルテクノロジを統合する場合、大学で開発された他のソフトウェアアプリケーションとの相互接続性を高める場合もあるし、すでに使用されている他のベンダ製アプリケーションとの統合に苦しむ場合もある。

購入する場合でも、リスクなしとはいかない。ベンダには、様々なビジネスモデルがある。広告収入に依存しているものもあれば、eコマースの際の広告閲覧によるクリックスルー収入に依存している場合もある。また、構成員がアクセスするウェブページ数で課金するビジネスモデルを提案するベンダもある。このようなベンダは、最終的には自社の商品販売が目的で、たいていの場合、とても高価なものだ。いずれも簡単に構築できるようなことはなく、多くの場合、技術サポートが必要で、大学職員の何人かを専属にする必要がある。

他の潜在的な落とし穴としては、ポータル業界自体が相対的にまだ成熟していないという点が挙げられる。これこそドットコムの本質であり、最近ニュースで報じられているすべての問題点を含んでいる。たいていの場合、より大きく経験豊富な企業と組むことが賢明と考えられているが、大学が今後取りうる選択肢を大幅に制限してしまうようなパートナーシップには、事務管理システムやコース管理システムに選択の余地をなくしてしまう場合もある。どのベンダも、自分たちの製品は他のものと相互運用可能だと主張しており、他のすべてのエンタープライズソフトウェアを決める場合と同様に、結局、買い手がリスクを負うことになるのだ。

第9章　組織に関する課題

今度はうまくやれるのであろうか？　「ポータル」という革命的なレトリックをうまく利用し、実質的な改革を真にもたらす新しい業務プロセスを受け入れられるだろうか？　あるいは、そのレトリックの用い方を修正することになるのだろうか？　大学において、組織運営やテクノロジに関する指導的立場にある人々は、評価可能で持続的なよりよい新しい大学運営方法の実践を、どのように体系的かつ継続的に行えるのだろうか？　あるいは、これまでの失敗や成功から、我々は現在何を学びつつあるのだろうか？

九十年代の教訓

ＩＴによる業務プロセス改革の動きに関連する最近の歩みを見てみよう。私にとって「最近」とは、ハマーとチャンピーの『リエンジニアリング革命』[1]（一九九三年）、あるいは、もう少し早い時期だと、ハマーの論文である「情報技術を活用した業務再構築の6原則」[2]（一九九〇年）に相当する。九十年代の初頭には、産業分野において、日本との間で厳しい競争状態に陥り、「日本驚異論」が叫ばれ、迅速かつ抜本的な改革に関する議論がなされていた。その結果、新しいツールやテクニックを組織改革のために提案する論文や書籍が、経営学の分野において数多く出版された。「業務プロセスマッピング・デザイン」「ワークフロー」「テクノロジ・エンハンスド・ビジネストランザクション」「eコマース」「『情報が簡単に手にはいるだけではまだ不十分だ』のような『情報は力なり』のリバイバル」「自発型チーム」「従業員の権限強化」など、様々なものが提案された。このような概念は、新しいものもあれば、古いものもあり、また、少し変えただけのものや情報を提供するだけのものもあったが、コンサルティングや組織に関する新しいジャンルを創り出した。

九十年代初頭の高等教育業界は、このようなチェンジマネジメント(3)に関する種をまく肥沃な大地となった。当時、米国経済は最悪の状態にあり、州政府は、州立大学への予算配分を大幅に削減するとともに、連邦政府からの研究支援も削減された。また、社会保障や間接経費に関する規則が改正され、研究のための直接経費が他の活動のための経費にシフトされた。さらに、不況により、家庭において、私立大学の高額な学費を支払う余裕がなくなっていくにつれて、学資補助では資金不足を満たすことができなくなり、多くの大学で入学者数が減少した。スローガン「問題は経済なんだ」(4)が、一九九二年の大統領選挙の勝利を決定づけるほど、とにかく、大学は財政的に厳しい状況にあった。

大学が固定費を削減し、限られた予算の中で効率化を達成するために、「米国産業自身が効率的化され、競争力をつけることができるのであれば、大学も同じようにできるはずだ」――実際、そうすべきなのだが――と学長や財務担当役員(CFO)(5)・情報担当役員(CIO)(6)は、信じるようになった。そして、営利事業活動を対象に執筆された「経営学」分野に、その指針を探し求めた。国レベルで競争力の危機にある状況では、スリム化し、近代化し、ケチになることが美徳とされた。

こうして、「ビジネスプロセス・リエンジニアリング」「テクノロジ・リバレッジ・ペーパーレス・トランザクション」「eコマース」「コンソリデーティッド・パーチェシング・パートナーシップ」「テクノロジ・リテレート・ナレッジワーカ」のような概念や流行語が生み出され、予算削減・効率改善・サービス改善のための指針が具体化されるようになった。その結果、プロジェクトチームが設立され、様々な文書が作成された。当時、私が所属していたカリフォルニア大学で作成された文書としては、ヤングによる「UCLAにおける管理運営の質的転換」(7)（一九九一年）、「二十一世紀においても一流であり続けるために」(8)（一九九一年）、そして、「カリフォルニア州政府のための二十一世紀型労働力整備」(9)が挙げられる。これらのうち、抜本的な改革をもたらすものは、州内だけでなく、国全体に広がっていった。

そして、第三の出来事、すなわち、二〇〇〇年問題を通じて、それまでの出来事が重ね合わされながら、「最大級の嵐」となった。二〇〇〇年問題とは、日付を表す二つの数字が99から00に代わったときに、二十世紀なのか二十一世紀なのかを区別できないというもので、しっかりしたドキュメントもなく、しかも、問題のコードのほとんどが独自開発された数千行以上にわたるプログラムの中にひっそり隠れていた。このため、プログラムを短期間で書き換えるか、システムそのものを二〇〇〇年問題に対応済みのものにリプレースする必要に迫られた。

しかし、取り巻く情勢は極めて厳しく、「自分たちで果敢に取り組むとしても、不景気のために予算の増額を政府には要求できない。だから、自分たちができる範囲内で、しかも、合理的に運営経費を削減する必要がある。しかし、必要な削減額はあまりにも多額で達成できない」というものだった。経営学者やコンサルタントがそのためのツールを我々に提示し、業者がその具体的な方法を示してきた。二〇〇〇年問題の対応期限である一九九九年十二月三十一日までに、主要な基幹アプリケーションソフトウェアを書き換えるかリプレースしなければならなかった。このため、出来合いの業界標準のシステム（SAP、オラクル、ピープルソフトやバナー）をインストールすることにより、関連する業務プロセスを再構築したり、逆に、業務プロセスに合うように標準システムをカスタマイズすることにより、我々自身のビジネスモデルにあったものにする必要があった。

この実現に向けて、コンサルティング費用を含む、ハードウェア・ソフトウェア・ネットワークを更新するための大規模な投資を盛り込んだ事業計画がまとめられた。計画では、管理コスト・調達コストを継続的に押さえることにより、比較的短期間に投資を回収できる予定であった。うまくいけば、プロジェクト終了後もその恩恵を受けることができるのは確実で、すべてのサービスにおいて改善がもたらされる予定だった。計画を審議し高く評価した理事会の決定を受け、プロジェクトチームが結成され、その推進役として、我々は、ロゴを冠した帽子やTシャツを身につけ、改革を始めることになった。「列車は出発した。乗り遅れると撃ち殺されるぞ」と叫ぶコンサルタントもいた。

計画に沿って「勝利への行進」は果てしなく続いていった。その道は、新しい業務プロセスやテクノロジを目指す苦難の道で、「敵」に遭遇する場面も多々あった。よく見ると、その「敵」とは我々自身、すなわち、大学本部・教員・職員であった。いずれの業務プロセスの中にも、個人のテリトリを主張する者や、職場の伝統に従う者、自分の人生の意義を語る者、業績を自慢する者が潜伏していた。大学本部が想定した職務上の期待も、部局レベルで教員が求めるサービスの期待とうまく合わず、不協和音が生じていた。部門独自のユーザに対して現場独自に構築され、これまでは陰に隠れていた独自のサービスシステムが、新たに導入された全学システムにより顕在化したため、独自システムを守る動きも現れた。個別の組織の業務プロセスを越えた情報共有を行おうとするたびに、機密に関する懸命が生じたり、あるいは、データの所有権や管理に関する縄張り論争が起こった。生き残りを賭けたベンダの合従連衡により、これまで業者との間に築いてきた交友関係や独自の関係が脅かされるようになった。ベンダが提供する情報技術と大学が要求している情報技術との間には互換性が乏しく、eコマースにおける「e」とは、「easyのe」といった方がよいレベルのものだった。

そしてまた、二十年にわたる蓄積が業務プロセスをどれほど複雑にさせているかを過小評価していたし、既製の基幹アプリケーションが本質的に複雑な大学にどれくらい合っているのかを過大評価していた。我々は、とても高い時間単価で、コンサルタントが我々をほとんど理解していないことを学ぶ必要があった。ふくらまされたプロジェクト予算に重なり合ったこれらのすべてが、導入スケジュールを暗礁に乗り上げさせ、我々の信用を疑わさせた！　改革において幹部職員たちは必ずしもともに戦う同志ではないことを、しばしば、しかもあまりにも後になって学ぶことになった。彼らは、話が難しくないときは親密だったが、状況が耐え難く非難が広まったときには簡単に離れていった。我々は、新しいツールが使えない分野に踏み込んでいたのだ。

今、学んでいること

しかしながら、我々は、自身がよくわかっている分野を対象にしていたし、改革を進めるために必要なツールは、社会学・社会心理学・文化人類学・経済学・組織理論のどこかにあるだろう、ということは理解し始めていた。そして、「改革を試みるまでは組織を理解することはできない」と、カート・レウィン（Lewin, 1999）がかつて言ったことを我々は学んでいた。すなわち、「問題は人である」というあまりにも古い教訓を学んでいたのだ。

ここでいやみを言いたいわけではない。なぜなら、この改革において指導者たちの真っ直中に身を置いていたし、我々自身、指導的役割をしばしば担っていたし、そのことに誇りを持っていたからである。この章において私は、改革運動を導くための原理あるいは戦術について熱く語りたいと考えている。そのために、改革を求めた最近の試みの中での特殊な成果や失敗については、簡単な論評を加える程度にしたいと思う。

多くの大学で、ソフトウェアの実装はうまく行われた。概して、このことは、「組織的な勝利」と言うよりはむしろ「技術的な勝利」であり、我々指導者や管部職員によるチェンジマネジメント能力の結果というより、プログラマやＩＴスタッフメンバのスキルとねばり強さの結果であった。新しい業務プロセスデザインの多くは、作戦指令室のクローゼットの中でほこりをかぶったままだった。新しいソフトウェアの導入により、古い業務が具現化する場合もあったし、陰に隠れたシステムを引き続き使い続けることになったりもした。その過程において、「新しいシステムに置き換えただけだ」

という人もいた。新しいやり方に影響を与える組織的な障害物である部局自治・大学のガバナンス体制・連携のない指導者たち・恐怖や嫌悪により、理にかなった全学的な意志も打ちのめされていった。その一方で、陳腐なシステムは捨て去られ、新しいシステムにより、将来の発展の基盤となる最新のプラットフォームがもたらされた。これができたことは成果である。しかし、最初に目指した目標の多くは達成することができず、我々の政治的な志は打ちのめされた。

一方でまた、外部研究資金の管理や業務分担、新しいバージョンのソフトウェアを購入する際に複数の予算を使うなど、トップレベルの研究大学において求められる要件について、主要な基幹アプリケーションソフトウェアベンダに部分的ながら理解させることができた。その結果、我々が極めて重要な顧客であることをベンダは認識するようになった。これができたことも成果である。

また、様々な情報が多数のアプリケーションに散在してしまっているという情報アクセス問題を、データウェアハウスの設計・構築を通じて解決することができた。高価ではあったが、ユーザに関する情報へのアクセスを抜本的に再構築するという当初の目標を達成することはできた。我々は今、古いシステムのデータをデータウェアハウスに移行しつつある。これにより、多くのソフトウェアアプリケーションから生成されるデータの統合を通じて実現される潜在能力がおぼろげながら見えつつある。また、情報アクセス問題の改善がユーザに受け入れられたことにより、「データへの容易なアクセスができない」という問題は少なくとも解決することができた。これも成果の一つである。

我々のキャンパスにもeコマースの流れは押し寄せている。無情にも、二〇〇一年のITバブル崩壊により、ウェブポータルという「熱気球」からせっかくの空気が抜きとられてしまった結果、ベンダからのカタログは激減し、網羅的な比較ができなくなった。これも実際に起こったことだが、まだ理想には程遠い状況であり、革命的な「ポータル」というレトリックとの調和もとれていない。

老朽化したレガシーシステムを既成の基幹ソフトウェアで置き換える作業を通じて、計画的にベンダの更新ソフトウェアをインストールすることにより、老朽化を未然に防ぐことの重要性を、我々自身だけでなく、大学にも納得させることができた。すなわち、ベンダという外部圧力を、システム的な連続性を確保するための強力なツールとして用いることが効果的であることがわかった。これもまた成果の一つである。さらに、ソフトウェア更新を頻繁に行うことにより、「変更（特に技術的なもの）とは一時的なものではなく、むしろ連続的なものである」ことを組織的に学ぶことができた。これは、経営学における格言の一つである「徹底したインクリメンタリズム[10]」という観点での教訓でもある。

現在の成果は、改革を目指した大胆な行動の結果ではあるが、他大学との競争に伴う危機がいっそう深まる厳しい時代であったり、二〇〇〇年問題という基幹ソフトウェアの機能に対する二十一世紀最初の脅威であったりという、時代とタイミングの結果でもある。

このような特殊な危機的状況がなければ、これほどできたかどうか疑わしいと思っている。したがって、「およそ人の行いには潮時というものがある、うまく満潮に乗りさえすれば運は開ける」という、偉大な組織論者の一人であるシェークスピアの格言は忘れるべきではない。

今回の成功を、大学間競争の激化という「九十年代の流れ」に乗ったものであるとか、二〇〇〇年問題という「世紀末」のせいにするのであれば、今回の失敗は、どのように説明すればよいのだろうか？　業務プロセス改革や組織改革の努力の多くが失敗したのはなぜか？　不要な手順の多くにかけられていた年間数億円もの経費を削減できなかったのはなぜか？　簡単な答えはこうだ。業務プロセスとITからは多くのことを学んだが、組織行動理論からは十分に学んでいなかったからということである。我々は、「インクリメンタルな改革」や「人間行動」よりむしろ「大改革」や「テクノロジ」について考えていたのだ。

組織における人や部門は、本来、ハーバート・サイモンの「効用最大化」（Simon, 1965）を目標としているわけではない。実際、最大化よりもむしろ「満足」を目標とする「経営人」という概念をサイモンは導入し、その合理性は、全体的ではなく、むしろ「限定的である」とした。このような考え方は、リチャード・サイアートやジェームス・マーチにより『企業の行動理論』[11]（一九六三年）として出版されたものをさらに探求・拡張したものだった。会社における従来の行動理論を見直すことにより、実際の意志決定プロセスを研究し特徴づけた。「不完全な情報」「組織全体の目標と部門の目標の衝突」「複雑な内部の問題を、より小さな管理可能な関連性のないものにブレイクダウンすることによる対立の解決」「インクリメンタルな意志決定」「『アクション→フィードバック→リアクション』というループの繰り返しによる組織的な学習」「あまりにも多すぎる要求にも関わらず、時間や注意が制約されていることの重要性」という考え方は、会社の「効用機能」に一致し、局所的に最大化されている部門のモデルを置き換える。

そのほぼ十年後、マイケル・コーエンとジェームズ・マーチは、著書『Leadership and Ambiguity: The American College President』（一九七四年）において、行動理論の一部を、典型的な複雑な組織である現代の大学に拡張した。大学は、「相互に矛盾した目標」や「内部対立」が表面化するどころか、「組織された無秩序」そのものだった。根本的な経営センスにおいて、自分たちが何を行っているのかわかっていなかった。そのような世界における意志決定――事を成すこと――を説明するために、コーエンとマーチンは「ゴミ箱モデル」を提案し、「時間とともに変化している問題（ゴミ箱の中のゴミ）や経営には関係のない目標、限られた時間、ばらばらな興味関心など、全部ひっくるめた中で、断続的な人々の参画により意志決定がなされる」とした。数ある中で、力任せの漕ぎのボートよりも、風任せのヨットの方がよりよいリーダーシップを表すメタファである、というモデルから、彼らは次の結論を導く。すなわち、「よりよいリーダーシップとは、まっすぐに並んで一列で漕ぐよりもむしろ風や流れをうまく使って目的地に到達することである」と。このことを我々はよく理解しているのであろうか？　これが、大学において幹部職員として働くことに当惑したり喜びを感じたりする理由なのだ。

カール・ワイクは、大学のような組織を表現するために、「緩い連携の世界」という言葉を用いている（Weick, 1979）。つまり、大学は、教育研究部局と大学本部が、互いに緩やかに結びつけられた連合体である。そのような世界において、何が効果的なもので何が面白いことなのかを知るために、人々は、他の人をまねることや、新しいアイディアを試したり楽しんだりすることを通じて、学びながら変化している。このような環境において、内在する複雑さを軽減するために、自分たちの世界観をデータに求め、自分たちが信じているものを見ようとする。組織文化に関する彼の研究の中で、エドガー・シャインはこのテーマにおける一つのバリエーションを見出している（Schein, 1999）。つまり、ひとりの個人として信用できるようになるまで、人は、専門家として認識してもらえない。また、「信じる」ことができるようになるまで、提案していることを理解してもらえない。シャインはさらに、個々人（あるいは、部門）の生き残りに関する懸念があまりにも大きくなってしまった場合には、個々人の「精神的な安定」を増すことによって懸念を軽減しなければ、改革の努力は失敗することを見出している。

チェンジマネジメントの教訓

豊富な過去の研究成果を完結に分析したものが数多くあるが、ここでは、次の三つの簡単な教訓に集約し、考えてみることにする。

1. 人は少しずつ学び、変わっていく。組織も同じである。このことを胸に刻んでおくこと。
2. 大学というものは、様々なレベルで公権的で、本質的に緩く連携している。それと戦ってはいけない。慣れ親しむべきである。部局自治を悲しまないでほしい。部局自治を上手く使う方法を見つけよう。
3. 人や組織文化を知ることは、質的転換を伴う改革における必要条件である。決して忘れないでほしい。

これらの教訓から導かれるチェンジマネジメントに関する原理または戦術は何であろうか？

改革の選択方法として「徹底したインクリメンタリズム」を採用する　インクリメンタリズムは自然な行動なので、「復利」のように、組織的な改革は自分たちが想像するよりも早く生じることになる。確実な前進により、前に進むにつれて構造的なチャンスをも創り出され、何が有効で、どこへ本当に向かっているのかがわかるにつれて、着実に戦略は洗練されるとともに指導者たちは再編成されることになる。インクリメンタリズムは戦術であり、「アクション→フィードバック→リアクション」ループが全学に及ぶ。その一方で、大改革のレトリックにより、生き残りへの懸念が大きくなるため、改革への抵抗も生じる。それを押さえ込む必要がある。

改革を実行しなければならない役割を持つ人々の靴を履いて、一マイル歩こう　彼らの世界を理解し、彼らが必要とすることを学ぼう。あなたの経験と彼らのニーズとの間を行き来しよう。多くの異なる靴で歩き、しばしば、互いに教えあおう。そして、同志になろう。

継続的に信頼を築き上げる　これは一番重要で、最も時間がかかることだ。これなしには持続的な改革はなしえない。個人的な関係を築くことをも含め、「コミュニケーション」がスローガンである。

「サプライ・プッシュ」よりむしろ「デマンド・プル」を創出する　これは、我々ＩＴセンターの技術屋にとってはこれまでとは全く逆の取り組みになるだろう。

技術面よりむしろ業務面から改革をリードする　改革の必要がある業務を対象にすること。魅力ある投資対効果検討書を通じて、関係者を目標へと引き込む。テクノロジはその手段となりうるが、目的ではない。まず人のことを考え、プロセスはその次、組織はさらにその後、テクノロジは一番最後である。

現場の支持者を作り出し、その人たちをプロジェクト幹部に据える　善人であれば誰でもよりよいことを行おうとするし、自分たちの職場を改善できる改革方法をたくさん知りたいと思う。そのような人たちとパートナーになることができれば、やるべきことをともに達成することができる。そして、現場の管理職はあなたに聞く以上のことを自分たちの仲間である現場の支持者に聞く（そして信じる）ようになる。結局、彼らはすでに同じ靴を履いて一マイル以上歩いてきているのだ。しかし、現場の支持者に彼らの組織上の立場を忘れさせてはならない。彼らは、全体の代理として、「王様とともに歩む」ような親しみやすい性格を持ち続ける必要がある。

改革のスピードを速めるために、「タイミング」をうまく計る　ときには、「バンドワゴン効果(12)」を狙うこと。また、「バンドワゴン」を慎重に選ぶこと。さらに、組織的に不安定になるタイミングを計ること――例えば、指導者の交代や財政危機――従来のものよりも良い解決策であることを強調し、改革を進めるために。

手本となる「ロールモデル」と試験的な実装としての「パイロットシステム」を作り出す　改革に対する「ピア・プレッシャー」を活発にすること。ときには、改革は圧倒的なものとなり理論的に考えることはできない場合もある。他の人が新しい道を歩み、新しい道具を使うことを見ることにより、不安感は和らげられ、同じ道を歩むことを勇気づける。また、「ピア・グループ」を創り出し、参加すること。例えば、特定ベンダのユーザグループを通じて、ソフトウェアの更新を求めるピア・プレッシャーを作り出すことができる。これにより、ベンダに対して「徹底したインクリメンタリズム」を強制することができ、テクノロジ的な流れを持続できる。

関連する戦略は次のとおりである。

模範になる　他人に対してしたいことをまず自分にすること。実際に成すことは、言葉よりも印象的である。もし模範となることができれば、あなた自身の権限やあなたが信奉する新しい道の美徳の中で信じる仲間を増やすことができるだろう。

改革に関する中枢と末端のインセンティブを揃える　もし改革に伴う節約が、改革を達成する必要がある現場にインセンティブを自然な形でもたらさないならば、前進するためのインセンティブを共有できる道を見つけるべきである。例えば、多額の資金的な余裕が、再設計された業務プロセスを通じて本部が運営する購買部門に生じるのであれば、改革に参画することを望む部局と共有することは誰もが同意できるだろう。一方で、業務プロセスの短縮が、常勤職員数の比に従って行われるだけであれば、資金的な余裕は全く起こらないかもしれないし、大規模な組織改革にも失敗するだろう。よき志を持つ人々は、新たに生まれた時間を使って別の生産的な方向へと進むことを確認しつつ、そのような資金的貯蓄を控えるタイミングを知るべきである。このことは、業務プロセスの再設計を通じて約束されたはずの資金的余裕を回収し損ねた主な原因である。

控えめに約束して多めに果たす　決して余計なことは言わず、人の期待を裏切らないこと。プロジェクトの問題点に関する新しい知見を周知することが常に重要である。でなければ、信頼を失うことになる。信頼とは失うこと以上に回復することが難しいものである。

成功と失敗から常に学ぶ　必要な情報のフィードバックを形成し、維持すること。すべてのプロジェクトをマイルストーンで検証すること。

貫き通す　人の時間は、誰でも一日二十四時間しかない限られたリソースであることを思い出そう。あなたが関心を寄せていることすべてについて時間を費やすのであれば、あなたがやりたいことにはよりよいチャンスが訪れる。

現場に順応した業務プロセスとテクノロジソリューションを作り上げる　大学は、サイアートとマーチン（Cyert and March, 1963）のような経済学者が描いている会社組織とは異なることを思いだそう。我々は、「組織化された無秩序」であり、「緩い連携の組織」なのである。部局が違えば、同じことでも違った形で行われる可能性がある。均一な業務プロセスが生み出す「規模の経済」による改善に関して、賭け時と引き時の見極めは、教養のある人であれば可能だ。実行するのはすべて現場なのだ。

「パン屋の一ダース」のようにおまけ付きでここで述べた十四のチェンジマネジメントの原理と戦術は、すべてあなたの手の中にある。文献や、前に引用した三つの単純化した教訓から導くことができるか、あるいは少なくとも一致するかどうかは、読者は自分で確認することができる。しかし、この改革イニシアチブからようやく理解しつつある「組織的な課題」に取り組む可能性があるのであれば、まず組織的に考えなければならない。業務プロセスとテクノロジだけでは十分ではない。人が重要なのだ。

第10章　ポリシーに関する課題

組織をまたがったネットワーク上のこれまでにない情報の流れは、情報を抽出・加工・発信するためのコンピューターシステムの能力と一体となって、eビジネスの可能性を高めている。このような力は、大学が所有する情報の適切な利用や、大学の情報システムにおいて発生・蓄積されている情報の保護について、著しい懸念や課題をも引き起こしている。本書の最後となるこの章では、eビジネスに向けたロードマップの中で、統合化の一環として大学が直面している発展途上の現状を述べる。

高等教育におけるeビジネスの採用が進むにつれて、「どういうサービスを誰に提供するか」を決めるために必要な複雑なルールを、整備・実装・実施・自動化することができるようになるし、逆に、その制約を受けることにもなる。例えば、次のようなものが挙げられる。

- ライセンス供与されている大学の情報リソースについて、インターネットからアクセスしてくる遠隔学習者はどのような権限を有するか？
- 第三者からライセンス供与されている教材に関する学生・教員の閲覧履歴を、ライセンス供与者に対して大学はどのように保護することができるか？

● 大学は、どのような情報を寄付候補者から取得・保持することができるか、あるいは、すべきか？

eビジネスによって生じるプライバシー・アクセス・所有権・セキュリティに関する課題は非常に複雑であるため、技術的な課題と同じくらいの数の文化的・行動的・ポリシー的な課題が浮き彫りにされる。

大学はこれまで長い間、「無政府的自治組織」または「アドホクラシー」[1]と言われてきた。高等教育において神聖視され培われてきた「大学自治」や「シェアード・ガバナンス」[2]の伝統は、我々の卓越した業績・サービス・イノベーションの歴史によって育まれたものである。しかし、このような伝統は、統合化を難しくもしている。大学がeビジネスに向けた準備を行うアプローチが数多くある中で、eビジネスが可能となる必要なレベルに技術面から統合を進めていくことが、最も手間のかからない方向である。これまでの職務担当組織の視点から、eビジネスが求めるエンドユーザの視点（学生、父母、卒業生および組織間の視点）へとシステムを再構築することが意味するところを、大学の情報担当役員（CIO）の多くは理解している。ほとんどの場合、この種の統合を達成するための技術的なツールはすでにある。端的に言えば、技術面での統合は、ビジョン・人材・資金によって解決できる極めて重要な課題である。より痛みを伴う統合に向けた挑戦は文化的なもので、役割の定義や、権威・権力および価値観に関連するものである。このような課題が、eビジネスの実現へ向けたアプローチの限界や成功の可能性を定めることになる。

ポータル・eビジネスを支えるポリシーフレームワークの必要性

グレーブスとジェンキンスとパーカーは、将来を見通した論文の中で、電子情報のポリシーフレームワークの整備について次のように述べている（Graves, Jenkins and Parker, 1995）。eビジネスが、インターネットやウェブを、静的な情報を保存するための基盤から、大学の多くのミッションを実行するための基盤へと変えていくにつれて、そのための情報ポリシーフレームワークの必要性は避けがたいものになる。eビジネスの時代への入り口にある現時点において、妥当な情報ポリシーを定められるかどうかは保証できないが、定められない状態では、入り口に立つこともできないだろう。大学としては、様々な分野にまたがる学内コミュニティの構成員を導く、強力に関連づけられた一貫性のあるポリシーを整備する必要がある。例えば、次のものが挙げられる。

- 全学レベルでのユーザ認証や権限認証に基づいた情報リソースへのアクセス
- 大学の名称・商標の利用
- 情報リソースの取得・保有・譲渡
- 全学的な情報システムや知的財産権管理における情報の所有権

このような課題はいずれも極めて複雑で、世界中の大学が長い間苦しめられている。本章では、このような分野の解決法を具体的に述べることはしない。むしろ、本章の目的は、包括的な情報ポリシーフレームワークを整備することの必要性を、eビジネスの実現に向けた取り組みと結びつけることにある。

全学レベルでのユーザ認証や権限認証に基づいた情報リソースへのアクセス

重要な課題の一つは、ユーザ認証や権限認証に関するものである。技術的な話になるが、本人確認や大学コミュニティの構成員であるかどうかの識別、さらには、コミュニティの一員として個々に異なる権利・権限を許諾・拒否するための手段を、大学は整備しなければならない。物理世界では、このような処理は、写真付きIDカードを要求したり、署名を確認したり、非公開書庫へのアクセス制限を熟知している図書館員に任せたりなど、公式・非公式を問わず多種多様で複雑な方法によりなされている。物理世界での機関リソースへのアクセス制限は、ポリシー・手続き・慣習・基準・およびコンピュータがこれらを扱えるほどの性能ではなかったというこれまでの偶発的状況が織り重なって決まっている。そのようなあいまいなものの代わりに、コンピュータの場合は、むしろ、（一）自分が誰であることを主張しようとしているか?、（二）……することが許可されているか?（「このサービスを利用する」「この建物に入る」「この駐車場を利用する」など）のような質問に対する回答を求める詳細な情報に基づいている。

これは、多くの部分を占める技術的な課題だけでなく、「ポリシー的窮地」でもあり、大学は、大学に所属する個々人に生じる権利や特権の違いを明確かつ公開されたものにする必要がある。例えば、「常勤教員と非常勤講師の権限の違い」「学長婦人の権利は何か?」などである。このようなポリシーに関する課題は、入学希望者や生涯学習者、寄付依頼対象者とのリレーションを構築するために、遠隔教育や「ゆりかごから寄付まで(3)」的な戦略を大学が実行に移そうとすればするほど、より複雑になる。

もちろん、国公立大学については、機関情報へのアクセス管理は、「情報公開法」の文脈の中で考えられなければならず、それ自身、規則の削減や単純化を難しくしている。

大学の名称・商標の利用

インターネットやワールド・ワイド・ウェブは、「公開インフラ」として非常に優れている。ウェブテクノロジは比較的簡単に情報発信することができ、「数千もの花が咲き誇る」ことを可能にしている。ほぼすべての大学で、数多くの生きた、あるいは死んだウェブページにより、大学に関する情報やその「誤」情報が、インターネットにつながっている誰にでも大量に閲覧できるようになっている。最近では、学生に個人のウェブサイトを構築することを多くの大学で推奨し、そのために必要なディスク領域を与えている。もちろん、花が咲き誇るどのような「花壇」にも、ときには雑草もあるし、カタツムリもいるし、害虫もいる。ポリシーの観点から言えば、インターネットやウェブによってもたらされる課題とは、文化的統合である。大学は、このような公のリソースの適切な利用を規定したポリシーを定める必要がある。また、実際に守られるようにするにはさらに困難を伴う領域でもあり、次のような様々な課題を含む、極めて法的で広報にもからむものである。

- 大学の商標が掲載されているウェブページの広告掲載権の販売
- 不正サイトの作成
- 個人的な利益を目的とした大学リソースの商業利用

• 商標侵害
• eハラスメントや悪意に満ちたe環境を構築する行為
• 不正確で陳腐化した情報を野放しにし、利用可能にすること
• 大学の公式サイト上での性的なコンテンツ

このような課題はいずれも、自由な表現を尊重し推奨する様々なポリシーに関する文脈の中で起こりうるし、今後も起こるであろう。グレーブスとジェンキンスとパーカーは、「どのようなポリシーも、大学の役割に応じてバランスを保つ必要が出てくる。例えば、慎重な扱いが必要な情報や潜在的に好ましくない情報にアクセスすることを制限する場合や、表現の自由を制限する場合に必要となる」と述べている（Graves, Jenkins and Parker, 1995, p. 18）。この難しいバランスを保つことは、特に新しいことではないが、eビジネスアプリケーションによってもたらされる統合化レベルに応じて複雑なものになる。

情報リソースの取得・保有・譲渡

eビジネスでは、多くの大衆分野において、既存の顧客または将来顧客になるであろう人々を対象にしたマーケティング活動を意味する「e囲い込み」とよばれるものが始まっている[4]。ある意味、高等教育機関は同じことを長年にわたり行ってきた。毎年、大学はPSATで高得点だった高校生のリストを入手し、進学希望の高校二年生・三年生に、自分の大学の長所を説明した資料を送付している。

eビジネスの文脈において、積極的で賢い大学では、トップクラスの学生獲得競争の中で次第に多く

の情報を得るようになる。このような大学では、実際の応募者とほぼ一致する強力なリストが整備されるであろう。同じ要領で、大学病院における患者の病歴により、治験や試験診療の対象となりうる患者を選定するためのリストが整備されるであろう。

このような業務は、希望の大学で学びたいと思う進学希望の学生や、最も良い治療を受けたいと思う患者が増えるとともに、効果的（目標に対して）であり、情熱を注ぎ込む価値のある、有益なもの（おそらく）となる。しかしながら、個人情報を収集し、独自の方法で組み合わせ、その大学のコミュニティの一員になるかもしれない（または、ならないかもしれない）個人に関するこの種の情報を大量に保存するために必要となる能力は、プライバシーやセキュリティに関する著しい問題を引き起こすことになるだろう。「どのような情報を収集すべきか」「どのように使用すべきか」「どのくらいの期間保存すべきか」について、新しいポリシーが次第に重要になる。この領域における新しい現場レベルの基準整備がうまくいかない場合は、全学レベルでの新しい規制が必要となる。この種の情報への個人および大学によるアクセスに関する課題もまた重要であり、大学情報ポリシーの中で明確に取り扱われなければならない。

プライバシーを守り、大学運営に関する情報を保護するためのテクノロジやポリシーの整備に加え、関連する情報の内容を記述・管理・保護するための新しいポリシーを立案・実施することが必要になる。対象となるのは、機密情報（在職書類、昇進書類）、知的財産情報（特許、商標、著作権）、特別な権限が必要な情報（弁護士・依頼人のやりとり、カウンセリング書類）、および組織間情報（公的な研究活動や民間との研究活動）がある。eビジネスでは、何よりも、取引業者のシステム・データリソース間のこれまでにないレベルでの相互運用が前提となる。将来、業者は大学の調達システムにアクセスできるようになるだろうし、出版社や高校、コンソーシアムのパートナーなども同様である。このようなシステム・情報の統合により、ポリシーや契約が、新しく拡大するコミュニティの人々による情報の取得や利用、保持、破棄を規律正しく行うことを求めるようになる。これはすでに、研究大学では、「ポリシー策定」というとても複雑な分野になっており、学術的な発見に対するオープンな共有というこれまでの大学の価値が、情報を独占物として守りたいというプライベートな目先の研究スポンサーの要求と衝突している。

この非常に広範囲にわたる懸念事項の中でも究極の分野は、ソフトウェアライセンスや情報リソースの管理である。大学情報ポリシーは、著作者や代理人の権利を尊重しなければならない。テクノロジや法律の進化により、ライセンス供与された資産の使用状況を追跡したり、おそらく、著作者や代理人が大学全体を対象としてペナルティを課すこともできるようになるだろう。

情報や知的財産の所有権

情報ポリシーは、大学が所有しているデジタルストレージや配送用のメディアに記録されている所有権情報と、その情報の管理責任を分けて考えるようにしなければならない。情報はネットワーク化され、リソースが本質的に分散化する傾向があることを認識しながら、情報ポリシーでは、大学における標準を定めるよう努めるとともに、どの情報リソースが管理されなければならないのかに注意を向けるべきである。ネットワーク化された情報を扱う情報ポリシーフレームのほとんどが、情報の責任所存を明確に定義・表明することにより、大学に関係するウェブ情報が、個人や各部門のニーズのバランスをとりながら整備されることを可能にしている。

eビジネスのための大学情報ポリシー環境を準備する際、おそらく最も複雑なものは、大学で生み出される知的財産の所有権とその管理に関するポリシーにまつわる課題である。大学は、特許で保護された知的財産の所有権と管理について、強力なポリシーを整備する一方で、教員が生み出した知的財産権や著作権によって保護された権利は、伝統的に教員個人に帰属してきた。率直に言えば、大学の知的財産の経済的価値は歴史的に見て小さく、この財産の形成への大学の投資も同じく小さいものであった。

インターネットアプリケーションやウェブなどの情報技術は、高等教育の中核である教育ミッションを全面的に変えつつある。現在、先進的な教員たちが、自分のコースのウェブ化に多くの時間とエネルギーを投入している。大学は、多くの場合、他の職務を誰かに替わってもらうための研究費を提供したり、教員のイニシアティブの下、様々なツールを用意することにより、このような教員といっしょになって取り組んでいる。ウェブ化されたコース教材には、講義の枠を越えてアクセスできるため、コスト構造、投資モデル、および従来のコース教材の経済的価値を変えつつある。また、作成されたコースは「コースウェア」として、書籍と同じような多くの要素を獲得し始め、そしてまた、よりインタラクティブなものに進化していく。

eビジネス革命におけるeラーニング面が進展するにつれて、大学や教員、出版社は、教員のコース教材をモジュール化可能で、容易に大規模化可能な経済的商品と見なすようになってきている。学習プロセスに関する新しい脳科学的な発見に呼応して、新しい教育学的な標準が生まれつつある。フェニックス大学や英国のオープンユニバーシティのような大学は、ネットワーク化された教材配信のために数億円を投資している。聞くところによると、ウェブ上の教員のコースノートは、新しい独占的なeビジネス企業による配信のために、著作権が侵害され、無断で再パッケージ化されているものもある。このように、統合的なeビジネス技術によりもたらされた新しい潜在的可能性は、教員のコース教材についての権利の所有や管理に関する新しい方針の必要性を暗示している。

創造的にフレームワークを整備することにより、上述の議論や教員・大学による努力を通じて、新しい学生を大学コミュニティに導くことができるとともに、新しい収入を大学にもたらす場合もある。しかしながら、そのような変化は、アングラ的なもので、新しい分裂をキャンパスに導くことにもなるかもしれない。第6章で述べられているように、eビジネスは大学の運営方法を変えることになりそうである。長きにわたり培われてきた大学のポリシーに関する挑戦は、極めて重要な取り組みであり、チェンジマネジメント技術や手続きの慎重な適用が求められる。

統合ポリシーフレームワークの構成要素

各大学は、戦略・優先度・価値・歴史が反映されたポリシーを個別に整備することになるが、ポリシーフレームワークとしては共通する構成要素がある。これからポリシーフレームワークの構築を始める読者のために、スターティングポイントとしてその共通する構成要素について述べる。

極めて重要な仮定

大学のミッションを支援するためには、情報を利用可能にするための「大学の責務」と「個人の権利」のバランスをとる必要がある。大学本部の役割は、データアクセスやデータの完全性に関する規準を明確にすることであり、バランスをとるためにユーザの権利と大学の特権を明確に分けることである。「どのような条件（リソースユーザの責任）で」「コミュニティのどのメンバに」「ネットワークやネットワークベースのサービス、ネットワーク化された情報にアクセスさせるのか」「大学コミュニティの基本的な権利は何か」について考慮する必要がある。

実施の原理

ポリシーとは、定義によれば、「価値の積載」である。多くの大学（特に、国公立）においては、情報ポリシーフレームワークは次の原理に基づいており、このような原理で考えることによりうまく実施することができる。

- 情報を利用可能にするための責任の所在を明確にする。
- 責任のない情報に対する大学の監督責任の限度を定める。
- 情報へのアクセス特権をユーザ種別ごとに定義することについて、大学が責任を負う。

このようなポリシーフレームワークにより、法律的、倫理的、技術的、統治的、および経済的な課題も浮き彫りにし、結果として、課題の複雑さをポリシーを読んだ人々に認識させ、「大学の基本的な価値とは何か」を考えさせることになる。

データへのアクセスおよびセキュリティ

データやアプリケーション、システム、ハードウェア、ソフトウェア、ネットワークを含む、大学の情報リソースは重要であるという共通認識を築き上げることが大切である。情報リソースを含む大学の資産は、リスクの性質に従って保護されなければならないし、対象となるリソースに求められる慎重さや重要性も考慮されなければならない。情報ポリシーは、保護を必要とする主要な情報リソースのクラスを定め、それらに異なるレベルの保護を課すように努めるべきである。情報クラスとしては、特権情報・個人情報・人事情報・成績情報などがある。

セキュリティに関連するポリシーが定められるべき領域としては、カリフォルニア大学の「経営・財務規程ＩＳ‐３」（一九九八年十一月）が選んだ次のものがある。

論理的なセキュリティ　ポリシーでは、ソフトウェア的な統制、ネットワーク的な統制、または、手続き的な統制（バージョン管理など）とともに、通信セキュリティやコンピュータソフトウェアからの侵入リスクの低減を通じて、遵守させるためのセキュリティ基準を定めなければならない。その基準の対象としては、エンドユーザアクセス制御、システム管理アクセス制御、アプリケーションソフトウェア開発・変更制御、データバックアップに関する制御・保有・データプライバシー、データ転送やダウンロードが挙げられる。暗号化ポリシーもまた、これらの能力が普及するにつれて整備する必要があるし、どのアプリケーションやリソースをファイアウォールで守らなければならないかを定めるポリシーも必要になる。

物理的なセキュリティ　eビジネス環境においても、大学のポリシーによってカバーされなければならない物理的災害の統制や物理的アクセスの統制（例えば、小切手・株券などの金融証書）が求められる。

経営的なセキュリティ　電子的、特に、ネットワーク化された情報リソースの管理につきものの独特のリスクがあるが、多くのリスクは人に関するものである。情報ポリシーフレームワークは、慎重な取り扱いが求められる重要な情報へのアクセス権を有する職員の制限や、職員の身元調査に関連する大学のポリシーに統合するように試みるべきである。そのようなポリシーを実施する手続きにおいて、職務または雇用条件に変更が生じる場合、職権を変更するための手順も明示しなければならない。

責任　情報ポリシーフレームワークは、ポリシーの改訂に関する責任とポリシーの実施に関する責任の両方を定めなければならない。理想的には、ポリシーへの適合を段階的に拡大する手順も定めるべきである。

定義と権威　情報ポリシーフレームワークでは、「権限ユーザ」「災害」「セキュリティ」「ウィルス」など、鍵となる用語を定義すべきである。受託責任や所有権のような情報管理における役割も定義すべきである。大学のアクセスおよびセキュリティポリシーを統治する規則や法律も、情報公開法を含め、参照されるべきである。

デジタル証明書　ネットワーク環境における電子的セキュリティのニーズにマッチした新たなテクノロジが、「PKI[5]（公開鍵基盤）」と「デジタル証明書」の利用である。これらのテクノロジは、ユーザ認証や権限認証を解決するために開発されたものである。認証承認局やデジタル証明書を実装する大学は、認証局や証明書の標準規格、証明書認証を承認するための手順を定めた別のポリシーを整備することも必要となる。ポリシーではまた、個人、サーバあるいは認証局に証明書を発行するかどうか、発行された対象はそのような責任を有するのか、証明書の失効期限をどうするかを規定する必要がある。最後に、発展中のこの分野におけるポリシーでは、証明書の登録・発行、証明書や公開鍵のリポジトリ管理、証明書の無効化・更新、認証局のプライベートキーの管理を行う手順を記述する必要がある。

災害からの保護および事業継続性　大学は、情報リソースに関するシステムやサービスを保護するためのポリシー環境も整備しなければならない。

- 情報ポリシーフレームワークでは、事業継続性を高めるための計画・ポリシー・手続きを記述するべきであり、極めて重要なシステムを定期的に試験するための計画も含める必要がある。
- 災害復旧計画では、緊急事態対応手続きが明記されなければならないし、緊急事態に対応するための職務責任に関する項目も明記されなければならない。

電子メール

電子メールは、eビジネスのツールというわけではないが、全学レベルの情報ポリシーフレームワークの重要な要素として、そのガバナンスは極めて重要である。大学は、電子メールに関連した特定のポリシーにおいて、次のことを定める必要がある。

- 大学の資産としての電子メールアカウント
- 電子メールに関わる大学のサービスコミットメント
- 電子メールアカウントを用いて発信あるいは受信された情報の所有権
- 平常時あるいは非常時におけるメールアカウントに届いた情報への大学当局によるアクセス
- 個人的な利益のための使用、代理使用、なりすまし利用を含む、許される利用方法
- 電子メールアカウントに届いた情報のセキュリティおよび秘密保持
- ポリシー準拠を保証するための個人および大学の責任と職権

知的財産

知的財産の管理や所有に関連したポリシーはとても複雑である。一方で、大学において生み出されたものではない知的財産や、著作権・特許・ライセンス・他の契約によりカバーされる知的財産についてのポリシー調整は、たいていの場合、単純である。

- 大学のハードウェアに搭載するソフトウェアは、適切なソフトウェアライセンス契約の下で指定された条項に従って使用されなければならない。
- 構成員の代理として大学が締結したライセンスを遵守する責任が大学にはある。大学は、違反が判明した場合にはライセンス供与された権利をはく脱する責任を保持すべきである。ライセンス条件に対する著しい違反については、疑わしい誤使用を調査したり是正措置を実施するための手順と同じように、ポリシーに基づいて定められるべきである。
- データベース、書籍、論文雑誌のような情報リソースは、著作権法または出版社のライセンス契約のいずれかにより規定される。大学のポリシーでは著作者、出版社および販売者の知的財産を保証すべきであり、法律やライセンスの文脈においてどういう場合に「フェアユース」[6]となるのかを定義すべきであり、疑わしい誤使用を調査したり是正措置を実施するための手順を明確にすべきである。
- キャンパスで生み出された知的財産について、雇用者の職務関連権限における免責を生む、いわゆる「業務著作」と他の著作を、区別しなければならない。
- 業務著作は一般的に大学の資産であるとされる。情報ポリシーフレームワークでは、どのような職務が業務著作と見なされるのか、どういう所有権を大学は主張したいのかに関する大学としての条件を明確にすべきである。このポリシーでは、または、どういう権利（専門雑誌での業務報告の公開）が業務著作物を作成した個人にあるのか、著作物への個人のアクセスを守るためにどういう手順が必要なのかも明確にすべきである。

- 大学コミュニティの構成員により生み出された、他の知的財産の所有に関するポリシーについての規則は、大学の教員ハンドブック、特許に関するポリシー、あるいは、利害の衝突に関するポリシーに記載されるだろう（Thompson, 1999）。コース教材と出版教材の境界があいまいになるにつれて、大学は、統合された情報ポリシーフレームワークの一部として、所有権に関する課題について再検討が必要になるだろう。

ポリシーとは、本質的に、弱く、潰れやすく、扱いにくい。前に述べたように、ポリシー策定とポリシー環境には、本質的に、価値感が反映され、よって、その形成のための手順書も教本もない。ポリシーは、ほとんどの部分が、各大学の状況に依存したものである。一般的な大学でのテクノロジーの適切な使用を定めたバイブル的なものは、国立の研究大学のものとは異なるものとなるだろう。

ポリシーは統合的なもので、eビジネスソリューションを実行するために大学に求められる必要不可欠なものである。eビジネスへの移行に期待を寄せている大学では、eビジネスとは、多くの領域において、古いプロセスに対する新しいテクノロジの適用にとどまるものではないということを思い出さなければならない。eビジネスアプリケーションは、新しい展望を開き、新しいリスクを生み出すだろう。大学の名前を広く知らしめ、大学へのアクセスが容易になるにつれて、自分の大学のコミユニティに属する構成員の地位を高めることができる。ｅコミュニティが大きく成長するにつれて、チャンスも広がる。また、チャンスとともに、不正行為、迷惑行為、誤使用も広がるであろう。統合された情報ポリシーフレームワークの整備は大学にとって難しいものとなるだろう。その一方で、情報ポリシーフレームワークの支援なしで統合されたｅビジネス環境は、ほとんど管理不可能なものになるだろう。

第11章　まとめ

本書は、リチャード・カッツによるポータルテクノロジに関するコンセプトやレトリックを整理するところから始められた。ポータルのコンセプトは、情報技術に関する「次の大ブーム」として捉えられたが、すぐに、そのポテンシャル以上の意味や期待を負うことになった。

高等教育においては、学長・事務担当役員らは、カスタマーケアに関する新しい形態や、新たな収入源として熱心に思いを巡らす一方で、教員らは、大学のウェブ空間に営利目的の広告が掲載されるのではないかとの懸念を持った。情報技術者たちは、コンテンツ管理やナビゲーション、情報セキュリティといった頭の痛くなる問題を、ポータルにより解決できるかもしれないと期待し、「錦の御旗」的やり方でポータルを軸に様々な問題を集約した。

紹介されて以来、二、三年で、ポータルは話題にのぼるようになってきた。大学的にとって、ポータルは、オンラインリソースやサービスをまとめるために重要となる技術的・視覚的なスーパーストラクチャーである。技術的には、「ミドルウェア」としてポータルは考えられており、大学におけるウェブ利用者は、自分のニーズや好みに合うように、リソースやサービスをカスタマイズし、パーソナライズし、調整することができると考えられている。ビジネス的には、ポータルや関連する技術は、新しいビジネスアーキテクチャの鍵となる構成要素であり、eビジネスやオンライン業務サービス、CRM(1)などの機能が含まれる。

しかし、ポータルは、何でも解決できる「銀の弾丸」でも「秘密の財宝の源」でもないし、「新しいおもちゃ」でもない。ポータルには、主要なステークホルダーから大学がどのように見えるかを変革する潜在能力があるが、当然のことながら、そのためにはなんらかのコストが発生する。本書では、ポータルに関連するテクノロジと同じくらい、ポータルから受ける大学全体への影響について述べられている。

ポータルやeビジネスは、多くの人々にとって、質的な転換をもたらすキーコンセプトである。しかし、そのために必要なテクノロジは、頑健なeビジネス環境を大学に構築するために必要なものの一つにすぎないという理解も大切である。

本書の編纂を通じてわかってきたことは、eビジネスは、既存の業務プロセスの上に成り立つ応用技術ではないという点である。実際、eビジネスは、全く新しい業務のやり方を生み出すことを支援するとともに、既存のよいやり方をさらに強化することになる。いわゆるインフォメディアリ（情報仲介業）の導入を通じて創り出される新たな力とともに、大学のホームページ、eサービス、インターネットセキュリティ、エンタープライズ・リソース・プランニング（ERP）(2)、CRMの機能をポータルに統合することにより、大学にとって極めて重要で新しいチャンスがもたらされる。

新たなビジネスチャンス

高等教育機関は、構成員からの高まる期待に対応するために、ビジネス戦略における極めて重要な方向転換を迫られている。例えば、オブリンガーとゴールドスタイン（第6章）は、eビジネスを通じてもたらされる「即時対応」「業務の効率化」「全体コスト抑制」に関連した期待について詳しく述べている。このような期待のうち、実際のインパクトは、「業務の効率化」に重きが置かれるようになることである。初期投資が高額になる場合もあるにも関わらず、eビジネスを通じて、業務活動において不必要に人が介入しないようにする「セルフサービス」あるいは「フルサービス」モデルへと大学は移行しつつある。これには、二十四時間三六五日いつでも生じうるカスタマーのニーズに合わせることができるとともに、人的リソースを解放し、余った人員をより価値の高い活動に従事させられるという二重の利点がある。

サービス提供

大学におけるeビジネスの中心は、サービス提供の質的変化のために新しいテクノロジをどのように利用できるかについて再検討する点にある。第2章においてライトフットとイーリヒは、「いつ必要とされるのか」「どこで必要とされるのか」「いかに行動を支援するか」に関する情報を提供するための、ワシントン大学のアプローチについて述べている。その推進力として「サービス」を用いることにより、彼らはカスタマーを再定義し、大学のサービス提供モデルの中心にカスタマーを据えている。このアプローチの力強さは、「従来からあるレガシーシステムへの依存はこれまでどおり」とする大学の決定にあり、これは極めて重要である。本質的に、大学は、構成員が必要とする情報を提供する方向に向けて前進し続ける一方で、既存の業務システムの延命を図ることにより、これまでどおり優位な状況を保つことができる。メリットを享受することができるのは、学生・入学希望者・父母・寄付者・部活動支援者およびその他の無数の構成員である。

ミネソタ大学の学生向けウェブサイトには、月に一千三百万ヒットがあることを考えれば、サービスのコンセプトは、一から再定義されるであろう。第5章においてクバヴィックは、月単位でサイトからダウンロードされる三百万ページの情報を紙ベースで提供したときに必要になる膨大なコストを例に、サービス提供におけるシフトは、新しいテクノロジへの対応により予想される質的転換の始まりでしかないと指摘している。eビジネスのコンセプトが、教育学習において全面展開されるようになれば、新しい価値が教育プロセスにおいても見出されることになる。

エンタープライズ・リソース・プランニング（ＥＲＰ）システムへの注目は、データ集約に関する網羅的なアプローチを意味しており、大学は、すべての活動を対象にした包括的な検討が可能になる。焦点をプロセスから情報へシフトさせることにより、eビジネスをさらに前進させることができる。おそらく最も重要なのは、ポータルの利用を通じてアクセスできる情報やサービスを決定する権限を、カスタマーに与えることである。

ステークホルダー・リレーションシップ・マネジメント

大学は、同窓会への加入をきっかけとして、学生との生涯にわたるリレーションの構築を開始する。大学は、様々な理由で同窓生とのコネクションを保持し続けようとしているが、「愛校精神に則った活動を通じて自分の大学が存続し続けることに貢献する」ことだけが同窓生の役割ではない。最新のテクノロジを用いることにより、この生涯にわたるリレーションは、全く新しい意味を帯びる。いわゆる「ゆりかごから寄付までのリレーション(3)」というコンセプトは、重要であることに変わりないが、同様に、他のコネクションも新たな重要性を帯びてくる。入学希望者が、大学のウェブサイトに初めて訪問したときから生涯にわたるリレーションづくりは始まるという考え方は、多くの大学にとって現実のものになりつつある。

これは、第3章のグラントとアンダーソンによって述べられている「カスタマー・リレーションシップ・マネジメント（CRM）」へのシフトにより象徴的に現れている。CRMや「ステークホルダー・リレーションシップ・マネジメント」は、九十年代に始まった進化における次の段階であり、ERPによりコストを削減し、効率を改善するための執行プロセスのリエンジニアリングに焦点が当てられた。現在の環境においては、大学は、学生・入学希望者・同窓生・父母・患者を、教育戦略および事業戦略の中心に据えている。このようにステークホルダーについて考えることは、「プロバイダー中心」の産業から「カスタマー中心」の産業へと進化している高等教育の現状と一致している。高等教育業界は、このシフトをすでに経験している他の業界の成功事例から学ぶことができるという理想的な位置にある。他の業界ですでに起こっていることのうち一部だけが、高等教育にとって重要なものになるだろうが、彼らの成功や失敗の調査結果から多くのことを学ぶことができる。

ポータル

他の業界から多くのことを学ぶことができるもう一つの分野が「ポータル」である。第4章においてストラウスは、「水平型ポータル（HEP）」[4]および「垂直型ポータル（VEP）」[5]という、二つのタイプのポータルについて述べている。大学は、ヤフー！やネットスケープのような水平型ポータルの成功から多くのことを学んでいるが、キャンパスにおいて最も成功しているポータルソリューションは、例外なく「垂直型ポータル」である。ストラウスによって定義されたポータルとは、「C・P・A・D」、すなわち、「カスタマイズされていて（Customized）、パーソナライズされていて（Personalized）、アダプティブな（Adaptive）なデスクトップ」である。そして、彼は、各ユーザのロールやニーズ、興味関心が反映されている、全学的に標準化された唯一のポータルを用いる環境について述べている。ユーザ認証と権限認証を同時に行うシングルサインオンを用いることにより、個々のユーザは自分の好みやニーズに基づいて情報やサービスにアクセスできるようになる。

テクノロジが暗示するもの

高等教育におけるeビジネスの進化において、テクノロジが一つの構成要素でしかないことはすでに指摘してきたが、「テクノロジは副作用をおこさない」とは考えるべきではない。今日、必要となる具体的なテクノロジをどうするかの決断は極めて重要で、適切にプラニングされなければ、かなりのコストとなって跳ね返ってくることになる。そのコストは、捨て金となって浪費という形をとる場合もあるし、もっともあり得そうなのは、機会損失という形で現れる場合である。第10章でカッツとグロスが指摘したように、大学のような複雑で極めて分散化された意志決定スタイルを、スピードが早いテクノロジ基準と同列に扱うがために、大学におけるテクノロジ・プランニングは複雑で混乱したものとなる。

このような状況の捉え方について整理したのが、第7章のグリーセンと第8章のダイグルとクオコである。一流私立大学と大規模総合州立大学のそれぞれの観点から、いずれも、ポータルを取り巻く技術的なチャンスの広がりを見極め探究し、大学の優先順位が、重みづけや代替プラットフォームの選択にどのように影響を与えているかについて大枠を述べている。その経験から、「すべての大学に通用する万能のアプローチがあるわけではない」という点を学ぶことができる。テクノロジに関する意志決定や優先順位は、詰まるところ、実施対象となる各大学の文化的・技術的状況によって決まってくるし、それに基づくことにより確かなものとなる。第7章および第8章のボストン大学およびカリフォルニア州立大学における事例では、各々の大学コミュニティの構成員によっていつでもどこでも使われるようになるテクノロジを受容するために、大学が乗り越えなければならない考え方や行動過程が浮き彫りにされている。また、彼らの経験は、eビジネスのチャンスによりもたらされるアドバンテージを得るために、他の大学が自分の立ち位置を明確にする手助けにもなっている。情報技術部門、事業部門、教育研究部門、学科、部活動など、大学における多様な部門からの意見を取り込むことをしない状態では、その大学は、eビジネスのチャンスに対応する際、自らの位置づけに失敗することになるだろう。eビジネスに関するアクティビティの多くを推進しているベンダが、今後どのようになるのか不確定で激変しうることを考えると、各大学が自分たちにとって最もよい意思決定の準備ができているという確信を持つことがさらに重要になってくる。

ポリシー

多くの大学にとってeビジネスに関する最も困難なものは、eビジネスを支援するためのポリシー策定である。カッツとグロスが第10章で指摘しているように、eビジネスがもたらすプライバシーやアクセス、所有権、セキュリティに関する課題は、大変複雑であるため、技術的な課題と同じくらい、文化・行動・ポリシーに関する課題を呈することになる。第7章においてグリーソンが、eビジネスを支援するために必要とされるテクノロジを大学単位で構築するために注意する必要がある手順を、一覧としてまとめているが、ポリシーの意思決定においては、そのような一覧はなく、大学が今日直面しているeビジネスのチャンスを活かすとともに支援・監視・管理できるようにするためのポリシーが求められている。大学ごとに状況は異なる。例えば、大学ランキングに焦点を当てる大学もあれば、大学のウェブページに広告を導入することの是非に焦点を当てることになる大学もあるだろう。別の大学では、知的財産権が焦点になる場合もあろう。また、「どのビジネスチャンスを追求するか」「どれを検討しないか」の意志決定を「どの役員が行うのが適切なのか」を決めることが重要な問題になる大学も出てくるだろう。チャンスはすでに顕在化しているので、どの課題も学内で論争を巻き起こす可能性は十分にある。

人

第9章でカリーが指摘したのは、テクノロジが可能にした変革運動を成功に導けるかどうかは、究極のところ、「変革を呼び起こす指導者の力とそれを受け入れる人々の力にかかっている」という点である。また、カリーは、これまでの経験から「新しいテクノロジは、高等教育において工夫され伝えられているやり方を質的に転換する必要性があることを示している」という見方を提示している。実際、新しいテクノロジは、大学を質的に転換するだろうが、大学ポータルを通じた統合的なやり方で提供されるサービス革新が絶え間ない流れとなるようにやっていくことを通じてこそ、大学を質的に転換できるのである。

このようにして、変革は、段階的なものとして認識されるであろうし、サービスの向上にもつながり、結果として、変革に対して何度も経験する抵抗を弱めることになる。ポータルやその関連テクノロジにより、大学の本部組織と部局やその下部組織との間の連携関係を再考することが可能になる。そのような再考は、ポータルによって効力を発揮する「標準化」を通じて行われる。ここでいう「標準化」とは、大学のためになるものであり、確かなやり方で大学の基準に合っている限り、どういうところから生じようとも解決策に力を与えるものだ。

結論

インターネットに関しては、当初から、新たな経済的価値への期待が持たれてきた。しかし、真にそのポテンシャルの大きさを大学が認識するとしたら、今しかない。いわゆる「新自由経済主義」というにわか景気は、熱気と警鐘の両方があることを我々に暗示している。新たに出現しつつあるテクノロジにより、高等教育のミッションを促進するための新しいビジネスアーキテクチャ(6)や新しいテクノロジアーキテクチャの双方が明確になってきている。これらのアーキテクチャでは、モジュール性・柔軟性・迅速性にデザインの力点が置かれており、各職務組織のバラバラなニーズではなく、むしろ、ステークホルダーのニーズに合うように全学的なサービスや情報を提供することに焦点が置かれている。

このポテンシャルは、著しく強力で、実際のところ、「静かな革命」でもある。それぞれが勝手に動いている縦割り組織の中に閉じこめられていた情報が表に出てきて、それぞれが有機的に結びつきあうと、学生・教員・職員・父母らは、大学に対してこれまでにない思いを抱くようになり、大学のあり方に新しい方向を与え始める。テクノロジにより、入学を希望する人や受診を希望する人とのリレーション構築が容易になり、その後数十年にわたってその人をフォローすることができれば、多くのリレーションを新たに生み出すことができる。

ポータル・ｅビジネス・ＣＲＭなどのテクノロジにより、競争力のある大学環境に見合った仮想環境を構築できるようになってきている。すなわち、従来型でもありネット型でもある組織である。「大学」というすばらしい場所を、新しいテクノロジの波間に埋もれないようにするだけでなく、高等教育の目的を育む形で新しいテクノロジを取り込んでいくことになるのは明らかである。実際、ここで取り上げたテクノロジを通じて、大学に関係するすべての人たちの人生に、大学がこれまで以上に深くからんでいくことにより、高等教育の目的が時間と距離を超えて拡大されることを期待している。

注

日本語版にあたって

（1）［訳注］身分や役割のこと。
（2）［訳注］Really Simple Syndication の略。タイトル、概要、ＵＲＬ、更新日時などのウェブコンテンツに関する情報を記述するための構造化された形式。
（3）［訳注］第2章参照。
（4）［訳注］ユーザインタフェースレベルでの統合。訳者まえがき参照。
（5）［訳注］Ｊａｓｉｇが提供するソフトウェアでは、アイデンティティ管理機能はＣＡＳ（Central Authentication Service）へ、パーソナライズ機能と視覚的統合機能はＵポータルへと役割が分化していった。
（6）［訳注］Service Oriented Architecture の略。
（7）［訳注］「ツイッター」のようなマイクロブログと呼ばれる新しいサービスはその典型である。
（8）［訳注］情報の入れ物（コンテナ）としてサーバを用意し、情報を提供する手法。
（9）［訳注］ＦｌａｓｈなどのリッチインターネットアプリケーションやＡｊａｘの技術、マッシュアップ、ソーシャルネットワーキングを「ポータルレスポータル」の候補としてグージットは挙げている。

訳者まえがき

（1）Single Sign On の略。
（2）Central Authentication Service の略。
（3）情報連携基盤センターは全学的な視点でサービスを展開しているにもかかわらず、扱いは「一部局」であったために、方針決定や予算面で制約が生じていた。

はじめに

（1）［訳注］大学における情報技術の活用を促進する非営利団体（米国）。
（2）［訳注］全米大学経営管理者協会。
（3）［訳注］Chief Business Officer と Chief Information Officer のこと。通常、「最高業務責任者」および「最高情報責任者」と訳されるが大学に合わせた表現とした。
（4）「UC2010―カリフォルニア大学のための新しいビジネスアーキテクチャ」http://uc2010.ucsd.edu（二〇〇〇年七月）を参照。
（5）［訳注］日本では極めて限られている。
（6）［訳注］Customer Relationship Management の略。
（7）［訳注］Enterprise Resource Planning の略。

第1章

（1）［訳注］例えば、ERP（Enterprise Resource Planning）、RDBMS（Relational Database Manage-

ment System）、ＣＭＳ（Course Management System）等。
（2）［訳注］ＨＴＭＬがティム・バナーズ・リーにより提唱されたのが一九九一年なので、「発明されてから十年」ということはほぼ九十年代がそのまま当てはまる。
（3）［訳注］Java in Administration Special Interest Group の略。その後、Java Architecture Special Interest Group に改名したが、二〇〇九年からは解釈を廃止し、単にＪａｓ・ｉｇとしている。
（4）［訳注］名古屋大学では、Ｊａｓ・ｉｇが開発しているＵポータルを利用している。Ｕポータルについては第7章を参照されたい。
（5）［訳注］全米大学経営管理者協会。http://www.nacubo.org/ を参照。
（6）［訳注］名古屋大学でも相当苦労している。
（7）［訳注］生涯にわたる学習を支援し、逝去後は遺産を寄付してもらうほどの親密な関係をたとえたもの。
（8）［訳注］名古屋大学情報連携基盤センターが中心になって進められてきた第三世代までの名古屋大学ポータルは、まさにこのとおりであった。第四世代ポータルからは、名古屋大学情報連携統括本部の正式サービスとして本格的な利用がなされることになっている。
（9）［訳注］ＦＯＲＴＲＡＮやＣＯＢＯＬのような手続き型言語より、より高機能なプログラミング言語。単体で提供されるよりも、特定のアプリケーション開発システム（例えばデータベースシステム）と組みになって提供されることが多い。プログラマだけでなく、エンドユーザでも簡単にプログラムを作成できるようになっている。（Wikipedia）。
（10）［訳注］長期間使われている陳腐化したシステム。
（11）ネットクラフトによるサーベイ http://www.netcraft.com/survey を参照。
（12）［訳注］National Institutes of Health の略。

(13) [訳注] Customer Relationship Management の略。

(14) [訳注] 大学構成員が持つ様々な身分や役割。例えば、学生・教員・職員・研究者など。

(15) [訳注] 一度ユーザIDとパスワードによりユーザ認証を受ければ、他のシステムやアプリケーションを利用するときに再度ユーザ認証のためにIDとパスワードを入力する必要がないようにすること。

(16) [訳注] 組織、情報システムなど、何らかの改革を行うためのマネジメント手法の総称。第9章参照。

(17) [訳注] マーケットでの最安値を見つけたり、商品の最新情報を取得したりするために自動あるいは半自動的にユーザの指令を実行するソフトウェア。第6章参照。

(18) [訳注] サイトから発行され、ウェブブラウザに格納される文字情報。

(19) 本章は、二〇〇〇年EDUCAUSE四季報夏号に掲載されたものをさらに加筆したものである。

第2章

(1) [訳注] IT関係の企業のこと。

(2) [訳注] アメリカ経済を中心とした市場原理主義の経済。

(3) [訳注] 学生・教員・職員など、権限を与えるためのグループのこと。

(4) [訳注] Business-to-Business の略。企業間でのやりとり。

(5) [訳注] Business-to-Customer の略。企業・カスタマー間でのやりとり。

(6) [訳注] 現在はリンクが切れている。

(7) [訳注] このアドレスは現在使用されていない。

第3章

（1）[訳注] Enterprise Resource Planning の略。組織全体の資源を統合的に管理し有効に使うための手法。

（2）[訳注] Customer Relationship Management の略。

（3）[訳注] 単一の窓口のこと。

（4）[訳注] Automatic Call Distribution の略。

（5）[訳注] カスタマーとのやりとりにおいて必要となる回答文言などを、効率よく生成・発信・管理する手法。

（6）[訳注] 組織ごとに単独対応すること。

（7）[訳注] 黒人学生、ヒスパニック系学生、アジア系学生など。

（8）インサイトテクノロジグループによる二九五社の調査結果より。

第4章

（1）[訳注] Horizontal Enterprise Portals の略。メガポータルとも呼ばれる。

（2）[訳注] Vertical Enterprise Portals の略。

（3）[訳注] ウェブサーバから発行され、ウェブブラウザに格納される情報。

（4）[訳注] Customized, Personalized, Adaptive Desktop の略。

（5）[訳注] ポータル機能とシングルサインオン機能を分離する方が運営はしやすい。例えば、名古屋大学では、Ｊａｓｉｇ のＣＡＳを用いて分離している。これにより、ポータルに統合されていないアプリケーションについてもシングルサインオンが実現されている。

第5章

（1）ここでは、「eビジネス」を、インターネット技術を利用した基幹業務プロセスの変革として定義する。「eコマース」とは、買い手や売り手がウェブ上で行う商取引のことをいう。
（2）［訳注］Midwest Higher Education Consortium の略。
（3）［訳注］クリステンセンが著書『イノベーションのジレンマ』で述べた「市場が予期していなかったような仕方で製品やサービスを改良する技術革新」（Wikipedia）のこと。
（4）小規模私立大学には、授業料を入札できるようにしているところもあるらしい。
（5）［訳注］大学に対する全体的な見方。
（6）［訳注］Business-to-Customer の略。
（7）［訳注］Business-to-Business の略。
（8）［訳注］Customer-to-Business の略。
（9）［訳注］Customer-to-Customer の略。
（10）［訳注］Family Educational Rights and Privacy Act の略。
（11）［訳注］Americans with Disabilities Act の略。
（12）［訳注］当時、P2P型のファイル共有ソフトである「ナップスター」を用いた著作権を無視したファイル交換が問題となっていた。
（13）［訳注］閲覧者がバナー広告などをクリックすることによって生じる広告収入。
（14）［訳注］様々な面で利用者の支援を行う人。

第6章

（1）［訳注］Electronic Data Interchange の略。

（2）［訳注］Defense Automated Bidders Service の略。

（3）［訳注］電話とインターネット（Web・Mail）で One to One でお客様との関係構築を深め、顧客満足度の維持・向上を図ること（日本アイビーエム・イーコミュニケーションズ株式会社用語辞典）。

（4）［訳注］College Opportunities On-Line の略。

（5）［訳注］Customer-to-Business の略。

（6）［訳注］Customer-to-Customer の略。

第7章

（1）［訳注］標準規格に従った構造を有すること。

（2）［訳注］Java in Administration Special Interest Group の略としてＪＡ-ＳＩＧと呼ばれていたが、今では特に意味を持たせることなく単にＪａｓｉｇとしている。

（3）［訳注］正しくは uPortal と表記するが、ここでは読みやすさのために「Ｕポータル」と表記することにした。

（4）［訳注］ポータルに関するソフトウェアを開発していくうえで必要となる構造を定めた標準規格。

（5）［訳注］「大学のホームページ」のこと。

（6）［訳注］ポータルをテレビに例えると、ポータルで提供されるチャネルは「テレビ局」であり、チャネルで提供されるアプリケーションは「テレビ番組」に相当する。

（7）［訳注］見た目だけを実物そっくりに似せた模型。

（8）［訳注］執筆された二〇〇一年頃を軸に「ここ数年」であることに注意。
（9）［訳注］トップページがあって、部局ごとのページや訪問者別ページがあるという構造。
（10）［訳注］Business-to-Customer の略。企業と顧客の取り引きのこと。
（11）［訳注］ユーザＩＤとパスワードを入力し認証がなされれば、他のアプリケーションなどにアクセスするために再度ユーザＩＤとパスワードを入力しなくてもよいという機能。
（12）［訳注］Lightweight Directory Access Protocol の略。
（13）［訳注］学生の権限でデータにアクセスすること。
（14）［訳注］二〇一〇年二月時点でUポータルの最新バージョンは3・2・0。
（15）［訳注］現在は、SCT SunGard 社に買収されている。本拠地はソルトレイクシティ。
（16）［訳注］原文では「proprietary」。ＩＴ業界では「プロプライエトリ」とそのまま使われることが多い。
（17）［訳注］大学の各構成員は様々な役割（ロール）を持っている。例えば、学生・教員・職員・研究者など。
（18）［訳注］いわゆるユーザインタフェースのこと。

第8章

（1）［訳注］ある技術が世の中に普及する際、大きな期待が寄せられるために最初の一時期に注目度がピークとなる。その後、期待がしぼみ注目度は下がるが、普及が着実に進むにつれて注目度も徐々に上がっていく。このような注目度の推移を「ハイプカーブ」と呼ぶ。
（2）［訳注］二〇〇七年の米国キャンパスコンピューティングプロジェクトによる調査では、約五十三パーセントの米国の大学がポータルを稼働させている。

（3）［訳注］ウェブサーバから発行され、ウェブブラウザに格納される情報。
（4）［訳注］ある特定のサイトへのアクセスを手助けすることでお金をもらうことをいう。
（5）［訳注］身分、役割。例えば、教員であるとか学生であるとか。
（6）［訳注］効率を高めるため、一度取得した情報は変更がない限り再度取得しなくても済むように格納しておくこと。
（7）［訳注］「使い古された」とか「既存の」という意味。「レガシーシステム」という言葉がIT業界ではよく使われる。
（8）［訳注］現在では、ＩＢＭ社・オラクル社・ブラックボード社・ＳｕｎＧａｒｄ社・ＵＮＩＣＯＮ社などに収斂している。
（9）二〇〇〇年五月および二〇〇一年五月に行われたＥＤＵＣＡＵＳＥおよびＮＡＣＵＢＯの参加者への調査。二〇〇〇年五月は、調査参加者の二十五パーセントが「自分の大学ではエンタープライズ情報ポータルを実装している」と回答した。この調査における回答とは完全に一致しないが、調査結果や議論を通じて、参加した情報担当役員および事業担当役員の間では、極めて高い期待があることが示唆されている。
（10）［訳注］Enterprise Resource Planning の略。
（11）［訳注］すでに市場から撤退した企業もある。
（12）［訳注］事前に決めた割合に応じて売上を分配すること。
（13）［訳注］ＳＣＴ社に吸収合併された。
（14）［訳注］ブラックボード社に吸収合併された。
（15）［訳注］コミュニティ全体で開発しているオープンソースソフトウェア。

(16)［訳注］ＵＮＩＣＯＮ社に吸収合併された。

(17)［訳注］Java in Administration Special Interest Group の略。現在では単にＪａｓｉｇと称している。

(18)［訳注］現在では、クリアリングハウスの運用は終了している。Ｕポータルのダウンロードは http://www.jasig.org/uportal/download から行える。

(19)［訳注］二〇一〇年二月時点でＵポータルの最新バージョンは３・２・０。

(20)［訳注］「Ｕポータルを利用している機関は数百ある」とＪａｓｉｇカンファレンスで聞いたことがあるが、その正確な数は定かではない。Ｕポータルは、そのＵＲＬに render.userLayoutRootNode.uP を含むことから、ユーザ認証を経ないゲスト画面でもＵポータルを用いていれば、グーグルやヤフーなどで検索することにより、利用機関の概数を把握することはできる。また、Ｊａｓｉｇのウェブサイト http://www.jasig.org/uportal/deployments において、八十程度の利用機関がその詳細情報を公開している。

(21)［訳注］Ｊａｖａコミュニティでは ＪＳＲ１６８やＪＳＲ２８６として「ポートレット」と呼ばれるチャネルの標準化が行われている。また、ＯＡＳＩＳによりＷＳＲＰ（Web Service for Remote Portlets）の策定も行われている。

(22)［訳注］例えば、Ajax（Asynchronous Javascript and XML）によるウェブ２・０的なユーザインタフェースの導入など。

第９章

(1)［訳注］野中郁次郎監訳、日本経済新聞社（一九九三年）。

(2)［訳注］邦訳「ダイヤモンド・ハーバード・ビジネス・レビュー」一九九〇年一一月号。

（3）［訳注］組織、情報システムなど、何らかの変革を行うためのマネジメント手法の総称。
（4）［訳注］当時のクリントン陣営が掲げた選挙キャンペーンのスローガン。原文は「It's the economy, Stupid!」。
（5）［訳注］Chief Financial Officer の略。
（6）［訳注］Chief Information Officer の略。
（7）［訳注］原題は「Young's Transforming Administration at UCLA」。
（8）［訳注］原題は「Sustaining Excellence in the 21st Century」。
（9）［訳注］原題は「Developing a 21st-Century Workforce for California Government」。
（10）［訳注］漸進的に改善を進めること。
（11）［訳注］松田武彦・井上恒夫訳、ダイヤモンド社（一九六七年）。
（12）［訳注］あるオピニオンが多数に受け入れられているという情報が流れると、そのオピニオンへの支持がいっそう強くなることを示すこと。「バンドワゴン」とは行列の先頭の楽隊車のことであり、「バンドワゴンに乗る」とは、時流に乗るとか、多勢に与するという意味である。政治学・社会学と経済学で使われる（Wikipedia）。

第10章

（1）［訳注］「ad hoc＋cracy→adhocracy」という構造の造語。アルビン・トフラーによって一九七〇年代に広められた概念。アドホクラシーは通常の官僚的制度的な指揮系統を断ち切ることで機会を機敏に捉え、問題を解決し、結果を出す、としている（Wikipedia）。
（2）［訳注］「一般的にはファカルティ、アドミニストレーターと理事会（ガバーニング・ボード）との間での権限の分割」（羽田貴史「正しい高等教育情報――鏡に映る日本の高等教育」アルカディア学報、二二九号）を表す。
（3）［訳注］生涯にわたる学習を支援し、逝去後は遺産を寄付してもらうほどの親密な関係を喩えたもの。
（4）［訳注］米国の大学進学適性検査。Preliminary Scholastic Aptitude Test の略。
（5）［訳注］Public Key Infrastructure の略。
（6）［訳注］アメリカ合衆国著作権法などが認める、著作権侵害の主張に対する抗弁事由の一つ。著作権者に無断で著作物を利用していても、その利用がフェアユースに該当するものであれば、その利用行為は著作権の侵害を構成しない（Wikipedia）。

第11章

（1）［訳注］Customer Relationship Management の略。
（2）［訳注］Enterprise Resource Planning の略。
（3）［訳注］「ゆりかごから墓場まで」をもじったもの。「墓場」を「寄付」に変えることで「遺産を寄付してもらう」ことが最終目標であることを明確化している。
（4）［訳注］Horizontal Enterprise Portals の略。メガポータルとも呼ばれる。
（5）［訳注］Vertical Enterprise Portals の略。
（6）「UC2010―カリフォルニア大学のための新しいビジネスアーキテクチャ」http://uc2010.ucsd.edu（二〇〇〇年七月）を参照。

訳者あとがき

長きにわたり取り組んできた本書の翻訳が終わろうとしている。本書の翻訳は、名古屋大学ポータルの構築を進めながら取り組んできた。その過程で、本書に記されている多くの事項を実際に体験できたことにより、内容をより良く理解し、より適切な翻訳に少しずつ近づけることができたと思う。しかしながら、私の英語力のなさや知識不足のために、わかりにくいところも多々残っていることは容易に推測できる。もしそのようなところにお気づきの場合は、本書の英語版がＥＤＵＣＡＵＳＥのウェブサイトで公開されているのでそちらをご参照いただくとともに、是非とも私までご連絡いただければ有り難い。訂正や関連情報は、東京電機大学出版局のウェブサイト http://www.tdupress.jp/ 上に用意される本書の詳細ページにて共有したいと考えているので、合わせてご覧いただきたい。

本書を企画・出版したＥＤＵＣＡＵＳＥは、情報技術の戦略的な利用を推進することにより大学を高度化することをミッションにした米国の非営利団体で、約二千二百の大学・教育関係組織（二百五十の企業会員含む）が加盟し、我が国からも名古屋大学をはじめ、京都大学・大阪大学・九州大学・熊本大学・法政大学・北海道情報大学・放送大学が加盟している（二〇一〇年二月現在）。ＥＤＵＣＡＵＳＥは、毎年七千から八千名が参加する年次大会など様々な取り組みを展開しており、ＩＴマネジメント、情報基盤・情報サービスの研究開発・運用・利用に関わる人々が、それぞれの業務分野で抱える課題・解決策を、大学の枠や業務分野の枠を越えて共有する場が形成されている。同様な組織は、カナダや英国・オランダ・オーストラリアでも立ち上がってきている。しかしながら、我が国においては、国立・私立などの大学種別ごと、スパコン・教育情報化・事務情報化・図書館などの業務分野ごとにそれぞれ組織化されてはいるものの、それらの連携はほとんどなく、また、ＣＩＯなどのＩＴマネジメント層を組織した団体もなく、全体が俯瞰できる状態でもない。

本書の翻訳やＥＤＵＣＡＵＳＥの様々な取り組みに参加して強く思うことは、我が国においても、大学種別、業務分野を越えた横断的組織を構成し、各大学が抱える共通の課題に取り組む全国組織の必要性である。このような思いは、我が国の大学関係者の間でも広がってきており、ＥＤＵＣＡＵＳＥ二〇〇九カンファレンスには、約五十名の日本人が参加するところまで来ている。この流れを受けて、ＥＤＵＣＡＵＳＥと同様の日本版組織の創設を指向するボランティアグループの動きが活発化している。本書を読まれた方々にもその輪に是非加わっていただくことにより、さらに大きな流れになることを期待している。

二〇一〇年二月

梶田将司

ウェブポータルを活用した大学改革　経営と情報の連携

2010年3月30日　第1版1刷発行　　　ISBN 978-4-501-62480-4 C3037

編　者　リチャード・N・カッツ
訳　者　梶田将司

発行所　学校法人 東京電機大学　〒101-8457　東京都千代田区神田錦町2-2
東京電機大学出版局　Tel. 03-5280-3433（営業）03-5280-3422（編集）
Fax. 03-5280-3563　振替口座 00160-5-71715
http://www.tdupress.jp/

印刷：（株）精興社　　製本：渡辺製本（株）　　装丁：大貫伸樹
落丁・乱丁本はお取り替えいたします。　　Printed in Japan

訳者紹介

梶田将司（かじた・しょうじ）

名古屋大学情報連携統括本部情報戦略室・准教授。名古屋大学情報基盤センター・情報科学研究科社会システム情報学専攻兼務。1990年名古屋大学工学部情報工学科卒業。1995年同大学大学院工学研究科博士課程後期課程満了、同大学工学部助手。2002年名古屋大学情報連携基盤センター助教授、2002年～2006年文部科学省メディア教育開発センター客員助教授併任、2003年～2006年株式会社エミットジャパン取締役兼業。2009年から現職。専門は情報基盤工学・フィールド情報学・メディア情報学。特に、様々な学問分野の人々が多様な活動を行う大学を「研究フィールド」と位置づけ、大学における教育・学習活動や学術研究活動を情報技術により質的転換するための研究開発・実践活動を行うことにより、実際の社会生活を豊かにする新しい情報技術や利用技術の実現・普及を目指している。工学博士。

詳細は、http://www.ShojiKajita.jp/ を参照。

著者紹介　　（原典に記載されたものをそのまま翻訳）

グレッグ・アンダーソン［第3章］　オラクル社の高等教育部門の学生ソリューション・プリセールスコンサルタント。高等教育分野における学務・教務に関して七年以上の実務経験を有する。カスタマー・リレーションシップ・マネージメント（CRM)、オラクル・スチューデント・システム、学務管理、機関リーダーシップ・大学改革のスペシャリスト。

パトリシア・M・クオコ［第8章］　カルフォルニア州立大学（CSU）総長室においてテクノロジに関する助言・政策を担当する上席ディレクタ。過去16年間にわたり、CSUにおけるほぼすべての主要なテクノロジ・イニシアチブに参加。同大学ロサンゼルス校において英語科の学士号、同大学ロングビーチ校において公共政策管理の修士号を取得。

ジョン・R・カリー［第9章］　マサチューセッツ工科大学の上級副総長で、大学の事務・財務の指揮・運用・組織全体に責任を持つ。1995年から1998年までカリフォルニア工科大学の事業・財務担当副総長を、1976年から1993年までカリフォルニア大学ロサンゼルス校（UCLA）において同様の職を歴任。南カリフォルニア大学（USC）では、予算・計画担当副総長を含む、複数の管理職を歴任。

スティーブン・L・ダイグル［第8章］　カリフォルニア州立大学総長室・情報技術サービス部門の上席政策アソシエイト。カリフォルニア州立大学全体の計画・政策策定のための情報を提供するためのテクノロジ関係の研究活動に従事。インディアナ大学で博士号を取得。25年にわたり学務・テクノロジの管理運用に従事。

ベルナルド・W・グリーソン［第7章］　ボストン大学情報技術担当準副総長。1995年から、音声、映像、コンピューティングに関するテクノロジやウェブサービスを学生・教職員すべてに提供することを目指す包括的なイニシアチブである「ボストン大学アゴラプロジェクト」の推進に従事。CAUSE、EDUCAUSE、NACUBOおよびその他の全国組織において数多くの指導的な役割を歴任、リーダーシップに関する最も名誉のあるCAUSE-ELITE賞を受賞。

ラリー・ゴールドスタイン［第6章・第11章］　キャンパス・テクノロジ社の創業者兼社長。キャンパス・テクノロジ社を創業する前は、NACUBOの上席副会長で、NACUBOの主要な研究・プロダクト開発ユニットである会計・財務・機関管理センターを統括。公認会計士。ウォルシュ大学（ミシガン）で会計学士を、バージニア大学で会計学の修士号を取得。

ギャリー・B・グラント［第3章］　KPMGコンサルティング社において高等教育市場向けカスタマー・リレーションシップ・マネジメント（CRM）の担当取締役。公共セクターの顧客にテクノロジソリューションを20年以上にわたり提供するとともに、テクノロジ関係の話題で頻繁に講演を行う。ケンタッキー大学で学士号を、ジョージワシントン大学でMBAを取得。

ロンダ・I・グロス［第10章］　ケース・ウェスタン・リザーブ大学で財務・事務担当の上席副総長。ケース・ウェスタン・リザーブ大学に着任する前は、リーハイ大学で6年間財務・事務担当の副総長を、ピッツバーグ大学で20年間様々な職を歴任。公認会計士としてキャリアを開始。ワシントン大学を卒業。全米公認会計士協会会員。

ブライアン・L・ホーキンス［はじめに］　1800以上の大学が加盟し、情報技術の知的な利用を推進することにより高等教育の高度化に力を注いでいる専門職協会であるEDUCAUSE会長。前職は、ブラウン大学の学術プランニング・事務担当の上席副総長。

ウェルドン・イーリヒ［第2章］　ワシントン大学の上級副総長で、大学の財務・事務サービスすべての運営に責任を持つ。全学における主要政策立案者の一人で、政治、事業、市民活動において大学を代表する。オハイオ州立大学およびオレゴン大学連合内の高等教育に関する上級職を歴任。オハイオ州立大学において電気工学の学士号およびMBAを取得。

リチャード・N・カッツ［第1章・第10章・第11章］　1996年からEDUCAUSE副会長で、応用研究センター（ECAR）を統括。EDUCAUSEに加わる前は、14年間にわたりカリフォルニア大学の様々な管理職・上級職を歴任。高等教育の組織変革や情報技術に関する36以上の書籍・論文の著者であり編者。ピッツバーグ大学で学士号を、UCLAでMBAを取得。

ロバート・B・クバヴィック［第5章］　政治学の教授で、ミネソタ大学の准副総長兼副プロボスト。ミネソタ大学が6000万ドルを投入している「エンタープライズ・プロジェクト」のプロジェクトリーダーで、情報技術の利用（例えば、ポータルやウェブアプリケーション）を通じた業務プロセスの再構築やeビジネスを含む、学生サービス・人事・ウェブシステム・基盤のための新しいコンピュータやソフトウェアシステムの導入を目指す。スタンフォード大学で博士号を取得。

エドワード・ライトフット［第2章］　ワシントン大学・情報システムズのディレクタ。全学の情報システムの計画・運用・コンサルティング・サポートに責任を持つ。1964年から、COBOLコンパイラ開発から病院情報システムまで、ソフトウェア・情報システムの計画・開発・管理に関与。ジョージア工科大学において経営工学の学士号を取得。

ジェームズ・E・（ジェイ）モーリー［はじめに］　23年間にわたり四つのキャンパスで上席財務エグゼクティブを歴任。コーネル大学上

席副総長の後、NACUBO の会長。

ダイアナ・オブリンガー［第 6 章］　現在、EDUCAUSE 応用研究センター（ECAR）の上席フェロー。ノースキャロライナ大学チャペルヒル校ケナン＝フラグラー・ビジネススクールの教授。前職は、ノースキャロライナ大学連合の副総長兼 CIO。IBM 社の様々な上級職を歴任。高等教育への情報技術の導入に関する数多くの書籍・論文を執筆。

ホワード・ストラウス［第 4 章］　プリンストン大学において新しく創られたグループ「アカデミック・アプリケーションズ」のマネジャー。プリンストンの教員に対する教育・研究の改善に焦点を当てている。前職は、応用技術グループの一つである「アドバンスド・アプリケーションズ」のマネジャーで、最新の情報技術を実際に応用可能なものにする任務に従事。ドレクセル大学およびカーネギーメロン大学を卒業、ピアソン社のオンライン・ラーニング・アドバイザリ・ボードのメンバー。EDUCAUSE や NACUBO の常連発表者で、様々な貢献を行っている。

索引

■た

■な

参考文献

日本語版にあたって

EDUCAUSE Core Data Report, 2002, http://net.educause.edu/ir/library/pdf/pub8000g.pdf

EDUCAUSE Core Data Report, 2008, http://net.educause.edu/ir/library/pdf/PUB8006f.pdf, p. 75.

Gootzit, D., "Get Ready for the Portal-Less Portal," Gartner Research Note, March 23, 2009.

Green, K. C., *Campus Computing Report*, 2009.

Lightfoot, E., and Ihrig, W., *The Next Generation Infrastructure*, http://net.educause.edu/ir/library/pdf/ERB0201.pdf (2002)

Sreebny, O., "Take-out or Dine In? Considering the Future of the Enterprise Portal" at http://blog.orenblog.org/2009/10/12

第 1 章

Baroni, G. *Quoted in Into the Looking Glass: Higher Education Peeks into Portals and Sees Itself.* A Converge Special Report from the Portal Technology Symposium, 1999, p. 15.

Katz, R. N., and West, R. P. "Sustaining Excellence in the 21st Century: A Vision and Strategies for College and University Administration." CAUSE Professional Paper, 1992.

Kvavik, R. "Transforming Student Services." *EDUCAUSE Quarterly*, 2000, 23 (2), 30–37.

Kvavik, R. B., and Handberg, M. N. "Transforming Student Services." In D. G. Oblinger and R. N. Katz (eds.), *Renewing Administration: Preparing Colleges and Universities for the 21st Century*. Bolton, Mass.: Anker Publishing, 1999.

Rickard, J. "Portals: Creating Lifelong Campus Citizens." Portal Technology 2000 Symposium: Portals in Higher Education. *Converge Magazine* sup-

plement, Oct. 2000.

Strauss, H. "Web Portals: A Home Page Doth Not a Portal Make." *Edutech Report*, 2000, 15(11).

University of California, New Campus Architecture Planning Group. *UC 2010: A New Business Architecture for the University of California*. University of California, July 2000, p. 5. [http://uc2010.ucsd.edu].

第3章

Kotler, P., and Fox, K. *Strategic Marketing for Educational Institutions*. Englewood Cliffs, N. J.: Prentice Hall, 1995.

第5章

Blustain, H., Goldstein, P., and Lozier, G. "Assessing the New Competitive Landscape." In R. N. Katz. *Dancing with the Devil*. San Francisco: Jossey-Bass, 1998.

Christensen, C. M. *The Innovator's Dilemma: When New Technologies Cause Great Firms to Fail*. Boston: Harvard Business School Press, 1997.

Kaplan S., and Sawhney, M. "E-Hubs: The New B2B Marketplaces." *Harvard Business Review*, May-June 2000, pp. 97–103.

Puryear, R., and Melnicoff, R. M. "The eEconomy: It's Later Than You Think." *Outlook*, 1999, 2, 33–43.

Shapiro, C., and Varian, H. *Information Rules: A Strategic Guide to the Network Economy*. Boston, Mass.: Harvard Business School Press, 1999.

Shrivastava, P. "Management Classes as Online Learning Communities." *Journal of Management Education*, 1999, 23(6).

Werbach, K. "Syndication: The Emerging Model for Business in the Internet Era." *Harvard Business Review*, May-June 2000, pp. 85–93.

第6章

Birnbaum, J. "Death to Bureaucrats, Good News for the Rest of Us." *Fortune*. June 26, 2000, pp. 241–244.

Blumenstyk, G. "Web Site Dispenses Books, Journals, Dissertations—and Literary Advice." *Chronicle of Higher Education*, July 6, 2000. [http://chronicle.com/free/2000/07/2000070601t.htm].

Carnevale, D. "Web Site Provides Detailed Information on U.S. Colleges." *The Chronicle of Higher Education*, Mar. 27, 2000.

Carr, S., and Blumenstyk, G. "The Bubble Bursts for Education Dot-coms." *The Chronicle of Higher Education*, June 30, 2000. [http://chronicle.com/free/v46/i43/43a03901.htm].

Greene, M. *E-business 2.0*. Mar. 7, 2000. Unpublished.

Guernsey, L. "Education: Web's New Come-On." *New York Times*, Mar. 16, 2000.

Hartman, A., Sifonis, J., and Kador, J. *Net Ready: Strategies for Success in the E-conomy*. New York: McGraw-Hill, 2000.

International Business Machines (IBM). *Global Market Trends*. 1999. Unpublished.

Kidwell, J., Mattie, J., and Sousa, M. "Prepare Your Campus for E-business." *EDUCAUSE Quarterly*, 2000, 23(2), 20–29.

Kumar, M., and Feldman, S. *Internet Auctions*, 2000. [http://www.ibm.com/iac/papers/auction_fp.pdf].

Kvavik, R., and Handberg, M. "Transforming Student Services." In D. Oblinger and R. Katz (eds.), *Renewing Administration*. Bolton, Mass.: Anker Publishing, 1999.

Looney, M. "Virtual Campus Communities: A Potential Role for Portals." NLII Annual Meeting, New Orleans, La., Jan. 2000.

Oblinger, D. "Will E-business Shape the Future of Open and Distance Learning?" *Open Learning*, 2001, 16(1), 9–25.

Open Site. *The Dynamic Pricing Revolution*. 1999. [http://www.opensite.com/news/pdf/dprevolution.pdf].

Peterson, R., Marostica, M., and Callahan, L. *E-Learning: Helping Investors Climb the e-Learning Curve*. Minneapolis, Minn.: U.S. Bancorp Piper Jaffray, 1999.

Pricewaterhouse Coopers. *Technology Forecast: 1999*. Menlo Park, Calif.: Pricewaterhouse Coopers Technology Centre, Oct. 1998.

Rappa, M. *Auctions*. 2000. [http://ecommerce.ncsu.edu:80/topics/auctions/auctions.html]. 2000a.

Rappa, M. *Business Models*. 2000. [http://ecommerce.ncsu.edu:80/topics/models/models.html]. 2000b.

Rappa, M. *Hypermarkets*. 2000. [http://ecommerce.ncsu.edu:80/topics/markets/markets.html]. 2000c.

Rappa, Michael. *Intelligent Agents*. 2000. [http://ecommerce.ncsu.edu:80/topics/agents/agents.html]. 2000d.

University Business. "Paperless Trail." *University Business*, July/Aug. 2000, 3 (6), 15-16.

Virtual University News. "Georgetown Auctions Seats in Multimedia Course." *Virtual University News*, Jan. 14, 2000, p. 4. 2000a.

Virtual University News. "Ohio Launches Online Catalog." *Virtual University News*, Jan. 14, 2000, p. 4. 2000b.

Virtual University News. "edu.com Raises $30 Million." *Virtual University News*, Feb. 2, 2000, p. 9. 2000c.

Washington Post, Mar. 28, 2000.

第8章

Connolly, C. "From Static Website to Portal." *EDUCAUSE Quarterly*, 2000, 23 (2), 38-43.

IBM Global Education Industry. "Higher Education Portals: Presenting Your Institution to the World," Sept. 2000.

Looney, M., and Lyman, P. "Portals in Higher Education." *EDUCAUSE Review*, 2000, 35 (4), 28-37.

Phifer, G. "Portal Products 2000 Magic Quadrant," Gartner Group Research Note, Sept. 29, 2000.

第9章

Cohen, M. D., and March, J. G. *Leadership and Ambiguity: The American College President*. New York: McGraw-Hill, 1974.

Cyert, R. M., and March, J. G. *A Behavioral Theory of the Firm*. Englewood Cliffs, N.J.: Prentice Hall, Inc., 1963.

Developing a 21st-Century Workforce for California Government. Report of the Governor's 21st-Century Training Action Team. Sacramento, Calif.: Department of Personnel Administration, 1998.

Hammer, M. "Reengineering Work: Don't Automate, Obliterate." *Harvard Business Review*. July-Aug. 1990.

Hammer, M., and Champy, J. *Reengineering the Corporation: A Manifesto for Business Revolution.* New York: HarperCollins Publishers, Inc., 1993.

Lewin, K. "Preface." In Schein, E. H., *The Corporate Culture Survival Guide.* San Francisco: Jossey-Bass, 1999.

Schein, Edgar H. *The Corporate Culture Survival Guide.* San Francisco: Jossey-Bass, 1999.

Shakespeare, W. *Julius Caesar,* act 4, scene 3, lines 218-219.

Simon, H. A. *Administrative Behavior.* (2nd ed.) New York: Free Press, 1965.

Sustaining Excellence in the 21st Century: A Vision and Strategies for the University of California's Administration. Report and Recommendations of the New Campus Administrative Support and Ancillary Services Planning Group, University of California, Los Angeles, Mar. 1991.

Weick, K. E. *The Social Psychology of Organizing.* (2nd ed.) New York: McGraw-Hill Higher Education, 1979.

Young, C. E. *Transforming Administration at UCLA—A Vision and Strategies for the 21st Century.* Unpublished internal document. Los Angeles: University of California, Sept. 1991.

第10章

Graves, W., Jenkins, C., and Parker, A. "Development of an Electronic Information Policy Framework." *CAUSE/EFFECT,* Summer 1995, pp. 15-23. [http://www.educause.edu/ir/library/pdf/cem9524.pdf].

Thompson, D. "Intellectual Property Meets Information Technology." *Educom Review,* 1999, 34(2), 14-21. [http://www.educause.edu/ir/library/html/erm99022.html].

University of California. *Business and Finance Bulletin IS-3: Electronic Information Security,* Nov. 1998. [http://www.ucop.edu/ucophome/policies/bfb/is3.pdf].